丝绸之路经济带沿线国家知识产权法

邓社民 等 译

本丛书得到新疆大学2022年双一流项目和部区合建项目-中亚国家法律文本翻译与研究项目与新疆大学2023年双一流项目和部区合建项目-西北边疆治理与文献研究中心项目（23XB04）以及2023年新疆维吾尔自治区武汉大学小组团援疆项目的大力资助

INTELLECTUAL PROPERTY LAW

法律出版社 LAW PRESS · CHINA
北京

图书在版编目(CIP)数据

丝绸之路经济带沿线国家知识产权法 / 邓社民等译. -- 北京:法律出版社,2025
(丝绸之路经济带沿线国家法律译丛)
ISBN 978 - 7 - 5197 - 9052 - 3

Ⅰ.①丝… Ⅱ.①邓… Ⅲ.①知识产权法-研究-世界 Ⅳ.①D913.404

中国国家版本馆 CIP 数据核字(2024)第 082017 号

丝绸之路经济带沿线国家法律译丛	**丝绸之路经济带沿线国家知识产权法** **SICHOU ZHI LU JINGJIDAI YANXIAN GUOJIA ZHISHICHANQUANFA**	邓社民 等 译	策划编辑 田 浩 责任编辑 田 浩 装帧设计 汪奇峰

出版发行 法律出版社
编辑统筹 法商出版分社
责任校对 晁明慧 王语童
责任印制 胡晓雅
经　　销 新华书店

开本 710 毫米×1000 毫米 1/16
印张 9 **字数** 123 千
版本 2025 年 8 月第 1 版
印次 2025 年 8 月第 1 次印刷
印刷 中煤(北京)印务有限公司

地址:北京市丰台区莲花池西里 7 号(100073)
网址:www.lawpress.com.cn
投稿邮箱:info@lawpress.com.cn
举报盗版邮箱:jbwq@lawpress.com.cn

销售电话:010 - 83938349
客服电话:010 - 83938350
咨询电话:010 - 63939796

书号:ISBN 978 - 7 - 5197 - 9052 - 3
定价:42.00 元

凡购买本社图书,如有印装错误,我社负责退换。电话:010 - 83938349

丝绸之路经济带沿线国家法律译丛

编　委　会

目　录

Contents

第一部分　《哈萨克斯坦共和国民法典》知识产权编

1994 年 12 月 27 日，哈萨克斯坦共和国颁布了民法典，先后经过了 7 次修改，共计 1124 条。《哈萨克斯坦共和国民法典》分为总则和分则两个部分。总则共 3 编：第一编总则；第二编所有权和其他物权；第三编债权的一般规定。分则共 4 编：第四编债的种类；第五编知识产权；第六编继承权；第七编国际私法。其中，第五编知识产权于 2005 年 11 月 5 日颁布（№ 90 – Ⅲ），2015 年 4 月 7 日修改（№ 300 – Ⅴ）和 2016 年 4 月 21 日修改，共计 8 章，77 条。第五编分为一般规定，著作权，邻接权，发明、实用新型、外观设计权，动植物品种权，集成电路布图设计权，保护未披露信息免于非法使用的权利，民事活动的参加者、商品和服务的个性化标识。该文本根据 2016 年 4 月 21 日修改的内容编译而成。

目　录

第五编 知识产权

第四十九章 一般规定

第九百六十一条 知识产权的客体

1. 属于知识产权客体的有：

（1）创造性智力活动成果；

（2）民事活动的参加者、商品和服务的个性化标识。

2. 属于创造性智力活动成果的有：

（1）科学、文学和艺术作品；

（2）表演、演出、广播和节目；

（3）发明、实用新型、外观设计；

（4）动植物品种；

（5）集成电路布图设计；

（6）未披露信息，包括生产秘密；

（7）本法典或者其他法律文件规定的其他创造性智力活动成果。

3. 属于民事活动的参加者、商品、工作或者服务的个性化标识包括：

（1）商号；

（2）商品商标（服务商标）；

（3）商品产地名称（原产地标识）；

（4）本法典和其他法律文件规定的民事活动的参加者、商品、工作或者服务的个性化标识。

第九百六十二条 知识产权客体权利产生的基础

知识产权客体权利产生是由于其创造事实或者被授权的国家机关按照本法典和其他法律文件规定程序提供法律保护。

第九百六十三条 知识产权客体的人身权和财产权

1. 创造性智力成果的人身权和财产权属于该成果的作者。人身权属于作者，独立于财产权，即使创造性智力成果的财产权移转给他人，人身权依然属于原作者。

2. 个性化标识的权利属于民事活动的参加者、商品、工作或者服务的个性化标识权利的所有者。

3. 法律承认由作者智力创造活动产生的成果（作者权）是人身权，该权利只能属于通过其创造性劳动创造出智力活动成果的人。作者权不可剥夺和不可转让。

如果该智力成果是由两个或两个以上的人共同创造，则其被视为共同作者。对于某些知识产权的客体，法律可以限制共同作者的范围。

第九百六十四条 知识产权客体专有权

1. 创造性智力成果的专有权或个性化标识的专有权是指知识产权所有者的财产权，其所有者可自行决定以任何方式使用知识产权客体的权利。经权利人同意或者在哈萨克斯坦共和国法律有另外规定的情况下，他人可以被许可使用知识产权客体。

2. 知识产权客体专有权所有者有权将其权利全部或者部分转让给他人，允许其使用和处置知识产权客体但不得违反本法典和其他法律规定。

3. 根据本法典和其他法律文件规定的范围和程序可以限制专有权，宣告专有权无效和终止（废除）专有权。

第九百六十五条 专有权移转

1. 如果本法典或者其他法律文件没有另外规定，知识产权客体专有权可以由其权利人按照合同全部或者部分转让给他人，或依据遗产的概括继承或法人改组的结果转让。

专有权转让不得限制作者权和其他非财产权。有关该权利的转让或限制的合同条款无效。

2. 在条款中规定有效期内给予他人有限时间的排他性权利的合同，适用许可合同规则（本法典第九百六十六条）。

第九百六十六条　许可合同

1. 按照许可合同，对创造性智力成果或者个性化标识拥有专有权的一方当事人（许可人）有权授予另一方当事人（被许可人）以特定方式临时使用相关知识产权客体的权利。

许可合同是有偿的。

2. 许可合同可以授予被许可人如下许可：

（1）使用知识产权客体的权利，许可人保留其自身使用权和向他人颁发许可证的权利——普通许可（非独占性许可）。

（2）使用知识产权客体的权利，许可人保留其使用的可能性但不得向他人颁发许可证——独家许可（排他性许可）。

（3）其他不与法律文件抵触的使用知识产权客体的条件。除非许可合同另有规定，否则许可被认为是普通许可（非排他性许可）。

3. 被许可人授予他人知识产权客体使用权的合同被认为是再许可合同。被许可人只在许可合同有规定的情况下有权签订再许可合同。

除许可合同另有规定的外，被许可人对被再许可人的行为承担责任。

第九百六十七条　创作和使用知识产权的合同

1. 作者可以根据创作和使用知识产权的合同承担创作作品、发明或开发其他创造性智力成果的义务，并向非其雇主的客户授予独家使用权。

2. 本条第一款规定的合同应该规定拟创作的创造性智力成果的性质，以及其使用的目的或者方式。

3. 限制作者创作某一类型或某一领域智力活动成果的权利的合同条款无效。

第九百六十八条　专有权和所有权

创造性智力成果或者个性化标识专有权独立于体现该成果或个性化标识的物质客体的所有权。

第九百六十九条　专有权有效期

1. 知识产权客体专有权在本法典或者其他法律文件规定的期限内有效。法律可以规定延长期限。

2. 创造性智力成果的人身权永久有效。

3. 在法律文件规定情况下，专有权的效力由于其在一定时间内未使用而终止。

第九百七十条　专有权保护方法

1. 专有权的保护按照本法典第九条规定的方式进行。还可以通过以下方式保护专有权：

（1）没收因使用而侵犯专有权的物质客体，并没收由于侵权创造的物质客体；

（2）强制发布侵权情况，其中包括被侵犯权利的权属信息；

（3）法律规定的其他方式。

2. 违反创造性智力成果和个性化标识使用合同的，适用一般侵权责任规定（本法典第二十章）。

第五十章　著　作　权

第九百七十一条　受著作权保护的作品（著作权客体）

1. 著作权及于创作活动产生的科学、文学和艺术作品，不论其用途和品质，以及其表现形式。

2. 著作权适用于已发表（公布、出版、公开表演、公开展示）或虽未发表但以客观形式存在的作品。

（1）书面的（手稿、打字稿、乐谱等）；

（2）口头的（公开演讲、公开表演等）；

（3）录音或录像（物理的、数码的、磁性的、光学的等）；

（4）图画（插图、草图、绘画、规划图、平面图、动画、电视、视频或者照片等）；

（5）立体作品（雕塑、模型、标本、建筑等）；

（6）其他形式。

3. 具有本条第一款所述特征且可以独立使用的作品的一部分（包括名称、种类、性质）是著作权的客体。

4. 著作权不适用于思想本身，如概念、原理、定律、技术、方法、操作流程、科学发现、事实。

第九百七十二条　著作权客体的种类

1. 著作权的客体有：

（1）文学作品；

（2）戏剧、音乐剧作品；

（3）剧本；

（4）舞蹈作品和哑剧；

（5）歌曲或纯音乐；

（6）视听作品；

（7）绘画、雕塑、图形和其他美术作品；

（8）实用艺术作品；

（9）建筑、城市规划和设计、园林艺术作品；

（10）摄影作品和以类似于摄影的方式获得的作品；

（11）属于地理、地形和其他科学的地图、规划图、草图、插图和三维作品；

（12）计算机程序；

（13）其他作品。

2. 对计算机程序的保护适用于所有类型的计算机程序（包括操作系统），这些程序可用任何语言和任何形式表现，包括源代码和目标代码。

3. 著作权的客体还包括：

（1）派生作品（翻译、改编、注释、摘要、概述、评论、戏剧、音乐编曲和其他加工的科学、文学和艺术作品）；

（2）汇编（百科全书、文选、数据库）以及体现收集和整理资料的创造性劳动成果的作品。

派生作品和汇编作品受著作权的保护，不论其所依据的作品或其所包含的作品是不是著作权的客体。

第九百七十三条　著作权关系的法律规则

著作权关系受本法典和其他有关著作权及相关权利法的调整，以及在本法典和其他法律规定的情况下，受本法典和其他法律的管辖。

第九百七十四条　不受著作权保护的作品

（1）官方文件（法律、判决、立法、行政、司法和外交性质的其他文件，以及它们的官方译本）；

（2）国家符号和标志（国旗、国徽、勋章、货币标志、其他国家符号和标志）；

（3）民间艺术作品；

（4）有关事件和事实的信息类的消息。

第九百七十五条　起草官方文件、国家符号和标志草案的权利

1. 官方文件、国家符号和标志的草案的著作权属于创作草案的人（起草人）。除起草机构禁止，官方文件、国家符号和标志的草案的起草人有权发布该草案。草案发布时，起草人有权要求注明其姓名。

2. 如果该草案已由作者出版或递交有关当局，主管机构可以未经起草人同意使用该草案编写正式文件。在根据草案编制官方文件、国家符号或标志时，可由编制官方文件、国家符号或标志的机构酌情对其进行补充和修改。

3. 草案获得主管部门审议通过后，可以在不表明起草人姓名和未支付作者报酬的情况下使用。

第九百七十六条　著作权保护标志

1. 著作专有权的持有人可以使用受保护的著作权标志来宣示自己的权利，并可以在每个复制作品上标明其标志，该标志由三个要素组成：

（1）在一个圆圈内的拉丁字母“C”；

（2）专有权持有人的姓名（名称）；

（3）该作品的首次公布年份。

2. 除非另有证明，著作专有权持有人是保护标志中标示的人。

第九百七十七条　作者的人身权

1. 作品的作者有以下人身权：

（1）被承认为作品的作者的权利，并要求在使用中予以承认，排除对同一作品的其他人作者身份的承认（身份权）。

（2）以自己的名字、化名或匿名方式使用作品的权利（著作姓名权）。

（3）在出版、公开表演或以其他方式使用作品期间，未经作者同意，任何人不得对作品进行更改和添加。未经作者同意，禁止在出版过程中为其作品提供插图、前言、后记、评论或任何解释。

作者去世后保护作品的完整性，由遗嘱指定的人承担，没有指定时由作者的继承人承担，以及由依照相关法律规定应承担著作权保护责任的人承担。

（4）让不特定的社会公众接触作品的权利（发表权），在执行公务或履行雇主要求的过程中所创作的作品除外。

2. 作者有权作出撤销之前出版作品的决定（撤回权），但需赔偿使用者因该决定而受到的损失，包括利润损失。如果作品已经公开，作者有义务公开其撤回的通知，与此同时，作者有权回收之前已经流通的作品副本。本款规定不适用于公务作品。

3. 作者与某人的协议关于放弃行使人身权利的声明无效。

第九百七十八条　作者的财产权

1. 作者拥有以任何形式和任何方式使用作品的专有权。

2. 作者使用作品的专有权是指行使、授权或禁止实施以下行为的权利：

（1）复制作品（复制权）；

（2）以任何方式传播作品的原件或复制件：出售、交换、出租、实施其他行为，包括在开放的信息和通信网络中公开（传播权）；

（3）公开展示作品（公开展示权）；

（4）公开表演作品（公开表演权）；

（5）向公众公开作品，包括通过无线或有线广播（公众传播权）；

（6）通过广播和电视转播作品，包括通过电缆或卫星转播（广播权）；

（7）翻译作品（翻译权）；

（8）修改、改编或以其他方式对作品加工（加工权）；

（9）切实实施城镇规划、建筑、设计项目；

（10）实施不违反法律的其他行为。

3. 如果合法发表的作品的复制件通过出售方式进入民事流通，则在未经作者同意和不支付作者报酬的情况下允许继续传播，但哈萨克斯坦共和国立法法案另有规定的情况除外。

4. 无论是以盈利为目的使用还是不以盈利为目的使用，都认为是对作品的使用。

5. 构成作品内容（发明、其他技术、经济、组织等决定）的论点的实际应用并不构成著作权意义上的作品的使用。

第九百七十九条　作品的寄存

1. 作品手稿、在物质载体包括机器上的其他作品寄存，如果是在向每个人开放的存储处（保存人）进行的，并允许任何人根据与保存人的合同收到作品复制件，则被视为作品的使用。

2. 作品的寄存是根据权利人与保管人的合同进行的，该合同规定了使用作品的条件。该合同以及托管人与使用人的合同应公开（本法典第三百八十七条）。

第九百八十条　著作权在哈萨克斯坦共和国境内的效力

1. 在哈萨克斯坦共和国境内首次发表或虽未发表，但其原件以任何客观形式存在于哈萨克斯坦共和国境内的，作者和（或）其继承人以及作者的其他权利承继人均享有著作权，不考虑其国籍。

2. 哈萨克斯坦共和国公民的作品在外国境内首次发表或以某种客观形式存在的，作者以及作者的合法继承人的著作权受法律保护。

3. 根据国际条约为著作权持有人提供保护时，可根据有关国际条约的规定确定作品发表的事实。

4. 为保护哈萨克斯坦共和国境内的作品，作品作者应根据作品首次受到保护的国家的法律确定。

第九百八十一条　著作权效力的起始

作品的著作权从作品可以被第三人接触之时生效，无论其是否发表。口头作品的著作权自其传达给第三人之时生效。

如果作品不属于本法典第九百八十条规定的范围，那么在哈萨克斯坦共和国该作品的著作权应在作品发表之时受到保护。

第九百八十二条　著作权的有效期

1. 著作权在作者生前和死后七十年内有效，作者死后著作权的有效期从作者死后的次年 1 月 1 日起算。

2. 以共同作者身份创作的作品的著作权在共同作者有生之年以及其他共同作者中最后一位去世后七十年内有效。

3. 首次以笔名或匿名发表的作品的著作权有效期为七十年，自作品发表之年的次年 1 月 1 日起算。

如果在规定期限内匿名或笔名的身份被披露，则适用本条第一款规定的期限。

4. 在本条第一款规定的期限内，著作权归作者的继承人，以及根据与作者及其继承人签订的合同获得权利的人所有。

5. 在作者死后三十年内首次发表的作品的著作权，自其发表之年的次年的1月1日起七十年内有效。

6. 作者身份、作者姓名和作品的完整性受到无限期保护。

第九百八十三条 作品进入公有领域

1. 著作权有效期届满后的作品进入公有领域。

2. 进入公有领域的作品，任何人无须支付作者报酬而自由使用。此时应该尊重作者的署名权、姓名权和保护作品完整权。

第九百八十四条 著作权管理

1. 著作权人有权自行行使其权利。除本法典第九百七十七条规定的权利外，由法定代表人代理时，其他人必须经著作权人同意并在其授予的权利范围内管理著作权。

2. 著作权人和相关权利人可以依照法律规定的程序，设立著作权和相关权利管理机构。

第五十一章 邻 接 权

第九百八十五条 邻接权的客体

邻接权适用于演出、表演、录音制品、无线和有线广播机构的节目，不论其用途、内容和价值，以及表达的方式和形式。

第九百八十六条 邻接权的主体

1. 邻接权的主体是表演者、录音制品制作者、广播和有线电视组织。

2. 录音制品制作者、广播和有线电视组织，在根据与表演者和录音制品制作者签订的合同或通过无线或有线电视传播的合同的权利范围内，行使本章规定的权利。

3. 表演者行使本章规定的权利和依照哈萨克斯坦共和国的法律行使权利，须遵守被表演作品的作者权利。

4. 关于邻接权的产生和实施，不需要作品登记或遵守任何其他官方要求。

5. 录音制品制作者和（或）表演者可以使用邻接权的保护标记来宣示他们的权利，该标记放置在表演记录、录音制品的每个复制件和（或）每个外盒上，并由三个要素组成：

（1）圆圈中的拉丁字母“P”；

（2）专有邻接权的所有者的姓名（名称）；

（3）表演记录、录音制品记录的首次公布年份。

6. 除非另有证明，录音制品的制作者是姓名或名称标注在录音制品和（或）录音制品的外盒上的自然人或法人。

第九百八十七条 邻接权的效力

1. 表演者的演出权，首次在哈萨克斯坦共和国境内发生时，在哈萨克斯坦共和国境内生效。在这种情况下，无论其公民身份如何，该表演者及其继承人以及表演者的其他权利继承人均享有该权利。

表演首次在外国领土上实现时，表演者的权利以及他的权利继承人也被承认。

2. 如果复制品或样品首次在哈萨克斯坦共和国公开发行，则录音制品制作者的权利在哈萨克斯坦共和国境内生效。

哈萨克斯坦共和国公民或在哈萨克斯坦共和国境内拥有居住地或办公地点的法人实体，法律也保护其录音制品制作者的权利。

3. 在下列情况下，广播和有线电视组织的权利应得到承认：如果该组织在哈萨克斯坦共和国境内设有官方办事处，并使用位于哈萨克斯坦共和国境内的发射装置进行传输的。

根据哈萨克斯坦共和国批准的国际条约，其他外国表演者、录音制品制作者、广播和有线电视组织的权利在哈萨克斯坦共和国境内受到保护。

第九百八十八条 邻接权主体的权利规范

表演者、录音制品制作者、广播和有线电视组织的专有权和其他权利的范围和内容，以及限制上述主体专有权和违反这些权利责任的情况和范围由法律规定。

第九百八十九条 邻接权的有效期

1. 表演者的邻接权应在首次表演或演出后七十年内有效。表演者的姓名权和保护表演或者演出免受歪曲的权利受到无限期的保护。

2. 与录音制品制作者有关的邻接权在录音制品首次发行后的七十年内有效，或者如果在此期间内录音制品没有公布，则在其首次录制后七十年内有效。

3. 无线广播组织的邻接权在该组织首次通过无线广播后七十年内有效。

4. 有线广播组织的邻接权自有线电视首次通过有线播出后七十年内有效。

5. 本条第一款至第四款规定的期间的计算自法定事实发生年份的次年 1 月 1 日开始，这是开始这一期间的基础。

第九百九十条　表演者、录音制品制作者、广播和有线电视组织权利成为外国公民或外国法人的权利

表演者、录音制品制作者、广播和有线电视组织为外国公民或外国法人，如果他们在哈萨克斯坦共和国境外进行首次表演、演出、录制或通过无线广播，则其权利根据哈萨克斯坦共和国批准的国际条约在其境内生效。

第五十二章　发明、实用新型、外观设计权

第九百九十一条　发明、实用新型、外观设计的法律保护条件

1. 发明、实用新型和外观设计的权利受专利保护。

2. 受法律保护的发明是指具有新颖性、创造性和工业实用性的技术方案。

3. 受法律保护的实用新型是一种新颖的、具有工业实用性的技术方案。

4. 获得法律保护的外观设计是产品的艺术——设计解决方案，它确定的外观具有新颖性、独创性。

5. 发明、实用新型、外观设计获得专利权的要求，及颁发程序由授权的国家机构［以下简称专利机构（组织）］通过立法确定。

6. 不得获得专利的技术方案、生产资料和消费品的结构设计、产品的艺术和设计方案的清单由法律确定。

第九百九十二条　发明、实用新型、外观设计的使用权

1. 专利权人拥有自行决定使用发明、实用新型或外观设计的专有权利，包括制造含有保护措施产品、在自己的生产中使用专利技术工艺、销售或许诺销售含有保护措施的产品，进口相关产品的权利。

2. 未经专利权人许可，其他人不得使用发明、实用新型、外观设计，但依照本法典或者其他法律使用，不侵犯专利权人的权利的除外。

3. 未经授权制造、使用、进口、许诺出售、销售，其他引入民事流转或为以上目的储存，含有已取得专利权的发明、实用新型或外观设计的产品，属于侵犯专利权人的专有权。

第九百九十三条　专利权的处分

取得专利的权利、申请登记的权利、处分专利的权利和由专利产生的相关权利可以全部或者部分转让给他人。

第九百九十四条　创造者权

1. 发明、实用新型、外观设计的创造者享有署名权。

2. 发明、实用新型、外观设计的署名权和其他人身权利自保护文件上的权利产生之日起产生。

3. 法律可以为发明、实用新型、外观设计者规定特殊权利、优惠条件和优先权。

4. 在申请中指明的人被视为创造者，除非另有证明。只有在权利出现之前已经存在的事实和情况才能作为证据使用。

第九百九十五条　发明、实用新型、外观设计的共同创造者

1. 发明、实用新型、外观设计共同创造者之间的相互关系由他们之间的协议决定。

2. 在发明、实用新型、外观设计的创造过程中（技术、组织或其他方面的援助，获得权利方面的协助等）仅提供非创造性帮助的不是共同创造者。

第九百九十六条　职务发明、实用新型、外观设计

雇员在执行公务或雇主的特定任务期间创造的发明、实用新型、外观设计的专利权属于雇主，但劳动合同另有规定的除外。

第九百九十七条　创造者享有职务发明、实用新型、外观设计的报酬权

因为职务发明、实用新型、外观设计向创造者支付报酬的数额、条件和方式应由其与雇主之间的协议确定。如果无法衡量创造者和雇主对创造职务发明、实用新型或外观设计的贡献，则向创造者支付报酬的数额、条件和方式应由哈萨克斯坦共和国的法律确定。

第九百九十八条　专利在哈萨克斯坦共和国境内的效力

1. 在哈萨克斯坦共和国境内，由授权机构颁发发明、实用新型和外观设计专利。

2. 在符合哈萨克斯坦共和国所签署的国际条约规定的情况下，经外国或国际组织颁发的专利在哈萨克斯坦共和国境内有效。

3. 如果根据既定程序符合哈萨克斯坦共和国法律对发明、实用新型和外观设计的要求，则外国人和外国法人实体或其合法继承人有权在哈萨克斯坦共和国获得发明、实用新型和外观设计专利。

第九百九十九条　专利的有效期

1. 专利自向专利机构（组织）提出申请之日起生效，并在遵守哈萨克斯坦共和国法律规定的条件下保持有效：

（1）发明专利——二十年。对于医药产品、农药（有毒化学品）及相关发明，其使用需要根据哈萨克斯坦共和国立法规定的许可和应用程序获得许可，专有权和证明该权利的专利的有效性可应专利持有人的请求延长，但不得超过五年。

（2）实用新型专利——五年。专利机构（组织）可以根据专利权人的请求延长专利权，但不得超过三年。

（3）外观设计专利——十五年。专利机构（组织）可以根据专利权人的请求延长专利权，但不得超过五年。

2. 对发明、实用新型、外观设计的保护自向专利机构（组织）提交申请之日起生效。在授予专利权后，权利仍可受到保护。在拒绝授予专利的情况下，视为不发生保护。

3. 发明、实用新型、外观设计的优先顺序应按照哈萨克斯坦共和国法律规定的程序确定。

4. 有效期届满时，以及在提前终止专有权的情况下，发明、实用新型或外观设计应进入公有领域。

5. 进入公有领域的发明、实用新型或者外观设计，任何人都可以不经同意或者许可，并且不支付使用报酬而自由使用。

第一千条　专利权转让合同

专利权转让合同应当以书面形式订立，并应当向专利机构（组织）登记。不遵守书面形式或登记要求将导致合同无效。

第一千零一条　发明、实用新型、外观设计使用许可合同

1. 使用发明、实用新型或者外观设计的许可合同和再许可合同，应当以书面形式订立，并经专利机构（组织）登记。不遵守书面形式或登记要求将导致合同无效。

2. 许可合同的内容必须符合本法典第九百六十六条规定的要求。

第一千零二条　开放许可

1. 专利权人可以向专利机构（组织）提出申请，授予任何人取得使用发明、实用新型或者外观设计的权利（开放许可）。

2. 表示希望使用开放许可的人必须与专利权人订立付款合同。关于该合同条款的争议由法院解决。

3. 专利权人的授予开放许可权的申请不得撤销。

第一千零三条　专利侵权责任

应专利权人的请求，专利侵权行为必须终止，侵权人有义务赔偿专利权人由此遭受的损失（本法典第九条）。专利权人有权向侵权人追偿因非法使用发明、实用新型或外观设计而获得的收入，而不是专利权人由此造成的损失。

第一千零四条 在先使用权

1. 在发明、实用新型或外观设计的优先权日期确定之前，在哈萨克斯坦共和国境内善意使用了不依赖于作者的相同解决方案或为其进行了必要的准备的任何人，保留在不扩大使用范围的情况下继续无偿使用相同解决方案的权利。

2. 在发明、实用新型、外观设计专利授权消息正式公告前，优先权日期后开始善意使用发明、实用新型、外观设计的人，应专利权人的请求，有义务停止继续使用。但是，这样的人没有义务向专利权人赔偿由于使用而对其造成的损失。

第一千零五条 对专利权人权利的限制

限制专利权人权利的理由、终止（撤销）专利的条件、宣告无效、终止其效力、颁发强制许可证和强制转让专利的条件由法律规定。

第五十三章 动植物品种权

第一千零六条 保护植物新品种和动物新品种权的条件

1. 植物新品种和动物新品种（动植物品种）的权利受专利保护。专利证明可以证明专利权人使用动植物品种的专有权、优先权和育种人的创作者身份。

植物育种的成果是通过人工选择获得的植物品种，并具有一个或多个经济特征以区别于现有植物品种。

畜牧业的动植物品种被认为是由人类创造的一个品种，即一个完整的、大量的、共同起源的动植物群体，具有家谱结构和特性，能够将其与同一物种的其他动植物品种区分开来，并在数量上足以作为同一品种繁殖。

2. 动植物品种受法律保护的条件、植物品种和动物品种专利的注册和颁发程序由法律规定。

3. 动植物品种权及其相关权利的保护适用本法典第九百九十二条至第九

百九十八条、第一千条至第一千零四条的规定，但本章规定和动植物品种保护法律另有规定的除外。

第一千零七条　确定动植物品种名称的作者权

1. 动植物品种的作者有权决定其名称，该名称必须符合法律规定的要求。

2. 在生产、再生产、供货、销售和其他类型的受保护的动植物品种销售中，必须使用为其登记的名称。不允许对生产的和（或）出售的种子、育种材料使用不同于登记名称的名称。

3. 将注册的动植物品种名称授予不属于种植、出售种子和育种材料的，是侵犯专利权人和育种者权利的行为。

第一千零八条　动植物品种作者的报酬权利

1. 动植物品种的作者并非专利持有人的，有权从专利权人处获得专利有效期内使用动植物品种的报酬。

2. 向作者支付报酬的数额和支付条件应由作者与专利持有人之间达成的协议确定。同时，报酬数额不应低于专利持有人因使用动植物品种所得的年收入总额的百分之五，包括出售许可所得的收入。

除非作者与专利持有人达成的协议另有约定，否则报酬将在使用动植物品种的每一年届满后六个月内支付给作者。

第一千零九条　动植物品种专利权人的权利

动植物品种专利权人在动植物品种保护法律规定的范围内享有专有使用该品种的权利。

第一千零一十条　专利权人的义务

动植物品种的专利权人有以下义务：

（1）允许投入流通的品种、种类用于生产；

（2）在专利有效期内保持相关植物品种或相关动物品种，以便审查机构确定该植物品种或动物品种正式说明中规定的特征。

第一千零一十一条　动植物品种的专利有效期

动植物品种专利的有效期自向专利机构（组织）提出申请之日起计算，

有效期为二十五年。

有关动植物品种的法律可能会为某些类型的动植物品种设立较长的专利有效期。

第一千零一十二条 动植物品种的准许使用

允许使用受法律保护（拥有专利）的动植物品种。

第五十四章 集成电路布图设计权

第一千零一十三条 集成电路布图设计权的保护条件

1. 本章和其他法律所预先规定的法律保护仅延伸到有独创性的集成电路布图设计。

有独创性的集成电路布图设计是由作者的创造性活动创建并固定在物质载体上的集成电路元素与其互联线路的空间——几何分布。

2. 本编条款提供的法律保护不适用于在布图设计中体现的思想、方法、体系、操作方法或编码信息。

3. 本法典第九百九十四条至第九百九十七条的规则适用于与集成电路布图设计和该权利的保护相关联的权利。

第一千零一十四条 集成电路布图设计的专有权

1. 集成电路布图设计的作者或其他权利持有人拥有自行决定使用该布图设计的专有权利，特别是制造含有此布图设计的集成电路，包括禁止在未经相应授权的情况下让其他人使用该布图设计的权利。

2. 使用属于几个布图设计作者或其他权利持有人的权利的程序由他们之间的协议确定。

3. 未经作者授权实施以下行为属于侵犯作者的专有权：

（1）通过将布图设计整合到集成电路中或采用其他方式全部或部分复制布图设计，但非原创的部分除外。

（2）应用、进口、供货、销售和其他把布图设计或含此布图设计的集成电路引入流通的行为。

4. 法律规定了不侵犯布图设计所有者专有权的行为清单。

第一千零一十五条　布图设计的登记

1. 集成电路布图设计的作者或其他权利人有权通过向授权的国家机构提交注册申请来登记布图设计。

2. 如果符合条件，登记申请可以在首次使用布图设计之日起不超过二年的期限内提交。

3. 布图设计登记的程序以及对其全部或部分权利的转让协议由法律规定。

第一千零一十六条　布图设计专有权的有效期

1. 布图设计专有权自布图设计登记之日起有效期为十年。

如果布图设计尚未登记，则指定的十年期限从该布图设计或具有该布图设计的集成电路在世界任何国家/地区首次记录的使用日期开始计算。

2. 出现由其他作者独立地创作出相同的具有独创性的布图设计时，不会中断，也不会终止本条第一款规定的专有权期限。

第五十五章　保护未披露信息免于非法使用的权利

第一千零一十七条　未披露信息的法律保护条件

1. 合法拥有技术、组织或商业信息的人，包括第三方未知的生产秘密（专有技术、未披露的信息），如果符合本法典第一百二十六条第一款规定的条件，有权保护这些信息不被非法使用。

2. 无论这些信息是否办理了相关手续（注册、获得证书等），都应保护其免受非法使用。

3. 未披露信息的保护规则不适用于根据法律不能构成官方或商业秘密的信息（法人、财产权和与之交易的信息、以统计形式提交的信息和其他信息等）。

4. 只要符合本法典第一百二十六条第一款规定的条件，保护未披露信息的权利就是有效的。

第一千零一十八条 非法使用未披露信息的责任

1. 接收、传播未披露信息或无正当理由使用未披露信息的人，有义务赔偿合法拥有该信息的人因非法使用而造成的损失。

2. 如果非法使用未披露信息的人从无权传播信息的人那里获得信息（信息获取者不知道或不应该知道，以下简称善意购买者），在善意购买者知道其为非法使用之后，未披露信息的合法所有者有权要求其赔偿因非法使用未披露信息而造成的损失。

3. 合法持有未披露信息的人有权要求非法使用者立即停止使用。但是，考虑善意获取未披露信息的人为其使用所花费的资金，法院可以根据付费独占许可的条款授权其进一步使用。

4. 独立且合法地收到构成未披露信息内容的信息的个人有权使用这些信息，而不需考虑相关未披露信息的持有者的权利，并且不对此负责。

第一千零一十九条 保护未披露信息免受非法使用的权利转让

1. 拥有未披露信息的人可根据许可合同（本法典第九百六十六条）将构成此信息内容的全部或部分信息转让给他人。

2. 被许可人有义务采取适当措施保护根据合同获得的信息的机密性，并同许可人一样具有保护其不被第三方非法使用的权利。除合同另有规定外，如果有关资料仍然未被披露，被许可人在许可合同终止后，仍有义务对信息保密。

第五十六章 民事活动的参加者、商品和服务的个性化标识

（一）商号

第一千零二十条 商号权

1. 法人有在正式表格、印刷出版物、广告、招牌、招股说明书、发票、互联网资源、商品及其包装以及其他必要情况下使用商号的专有权（本法典第三十八条）。

2. 法人的商号在批准其章程时确定。法人以特定商号列入国家商业识别

号码登记册。

3. 不能使用与已注册法人商号相似的商号，这可能导致对有关法人的识别或对其生产的货物或提供的服务产生误导。

4. 如果法人的商号和其他法人从事经营活动的商标（服务商标）相同或相似以致混淆，并且这样的相同或相似可以对消费者产生误导，则在先拥有个性化标识（商号、商标、服务标记）的法人，拥有该个性化标识的专有权。该个性化标识的持有人按照哈萨克斯坦共和国法律规定的程序有权要求终止给予同种商品或者服务的商标（服务商标）的法律保护或者禁止其使用该企业名称。

第一千零二十一条　在商标中使用法人商号

法人的商号可用于其所属的商标。

第一千零二十二条　商号权的效力

1. 作为法人标记在哈萨克斯坦共和国注册的商号专有权在哈萨克斯坦共和国境内有效。

在外国注册或公认的商号专有权，在法律规定的情况下在哈萨克斯坦共和国境内有效。

2. 商号权的效力随着法人的清算和商号的变更而终止。

第一千零二十三条　商号权的处分

1. 除法人重组和处分整个企业的情况外，不允许处分和转让法人的商号权。

2. 商号权持有人可以授权（许可）他人以合同规定的方式使用其名称。在这种情况下，许可协议应规定防止误导消费者的措施。

（二）商标

第一千零二十四条　商标法律保护的条件

1. 商标的法律保护是在其注册或未注册的基础上根据哈萨克斯坦共和国加入的国际条约提供的。

商标（服务商标）是根据国际条约注册或未经注册保护的文字、图形、体积或其他名称，用于将一个人的商品或服务与他人的类似商品或服务区分开来。

如果一个法人或自然人从事商事活动的商标（服务商标）与另一法人的商号相同或相似以致混淆，并且由于此类标志相同或相似可能会误导消费者，则适用本法典第一千零二十条第四款规定的条款。

2. 不得作为商标注册的标志、商标注册的程序、注册的终止和无效，以及对未注册的商标法律保护，应由商标法规定。

3. 商标权证明。

第一千零二十五条　商标使用权

1. 商标权人对其所拥有的商标享有专有使用权和处分权。

2. 商标的使用是指商标进入流通的行为，包括生产、使用、进口、储存、销售、要约销售标有此标志的商品或在招牌、广告、印刷材料或其他业务文件中使用该标志的行为。

第一千零二十六条　哈萨克斯坦共和国境内的商标的法律保护

在哈萨克斯坦共和国领土内，哈萨克斯坦共和国专利机构（组织）或国际组织根据哈萨克斯坦共和国签署的国际条约向其注册的商标提供法律保护。

第一千零二十七条　商标权的有效期

1. 商标的优先权应在专利机构（组织）收到申请之日后确定，但商标法另有规定的除外。

2. 商标权自申请登记之日起十年内有效。根据商标权人在商标有效期最后一年向专利机构（组织）提出的申请，商标有效期可延长十年。可无限次延长。

第一千零二十八条　不使用商标的后果

商标连续三年无正当理由未使用的，经利害关系人申请，可以撤销其注册商标。

商标使用许可合同的达成被视为对商标的使用。

第一千零二十九条　商标权的转让

1. 权利人可以根据协议将权属证书中指定的所有类别商品和服务的商标，全部或部分转让给他人。

2. 如果转让商标可能会导致对产品或其制造商产生误导，则不允许转让商标权。

3. 商标权的转让，包括合同转让或继承转让，必须在专利机构（组织）进行登记。

第一千零三十条　商标使用权的许可

1. 商标权持有人可以根据许可合同（本法典第九百六十六条）将证书中指定的全部或其部分商品和服务的商标使用权授予其他人。

2. 授权被许可人使用商标的许可合同必须包含以下条件：被许可人的商品或服务的质量不能低于许可人的商品或服务的质量，并且许可人有权监督该条件的实施情况。

3. 如果商标权终止，则许可协议终止。

4. 将商标权转让给他人并不意味着终止许可协议。

第一千零三十一条　商标权转让合同和许可合同的形式和登记

商标权转让合同和许可合同必须以书面形式订立，并在专利机构（组织）进行登记。不遵守书面形式和注册要求将导致合同无效。

第一千零三十二条　侵犯商标权的责任

非法使用商标或与其相似以致混淆的标志的人必须停止侵害，并赔偿商标持有人所遭受的损失（本法典第九条）。

非法使用商标的人应当：

（1）销毁包含非法使用商标、商品原产地名称或与其相似导致混淆的商品、商品包装，但带有权利人本人所申请商标的货物除外。出于公共利益需要将此类商品引入流通的情况下，需要从商品及其包装上销毁非法使用的商标、商品原产地名称或与其相似导致混淆的名称。

（2）将履行工作职责或提供服务所附物质载体上的商标或与其相似以致

混淆的标志移除，包括文件、广告、招牌。

（三）商品原产地名称

第一千零三十三条　商品原产地名称的法律保护条件

1. 商品原产地名称的法律保护是在其注册的基础上提供的，法律另有规定的情况除外。

商品的原产地名称（指产地）是指用于指定商品的国家、地区、地貌或其他地理对象的名称，用于指代一种产品，其特殊性质完全或主要由该地理对象的自然条件或其他特征性因素决定，或由自然条件与这些因素共同决定。

商品的原产地名称可以是地理对象的历史名称。

2. 对于体现或包含地理对象的商品原产地名称，在哈萨克斯坦共和国一般用作某种类产品的名称，且被普遍使用，与其制造地无关。这样的原产地名称不应根据本条的规定为其法律保护的目的进行注册，然而这并不剥夺权利因不正当使用这种名称而受到侵犯的人按照法律规定的其他方式保护自己的合法权利，包括根据不正当竞争规则。

3. 商品原产地名称的注册由专利机构（组织）进行。在注册的基础上签发使用商品原产地名称的权利证书。注册、颁发证书、无效和终止登记、证明的程序和条件由有关商标、服务商标和商品原产地名称的法律确定。

第一千零三十四条　商品原产地名称的使用权

1. 使用原产地名称的人，有权在货物、包装、广告、招股说明书、发票上注明原产地名称和由于该商品进入民事流通以其他方式使用原产地名称。

2. 符合本法典第一千零三十三条第一款规定的商品标志，可由若干人共同或单独注册商品原产地名称。商品原产地名称的使用权属于上述每个人。

3. 在首次注册之日不少于六个月前，与商品原产地注册名称相同或相似的地理标志的善意使用人在专利机构（组织）规定的期限内保留继续使用权，且自注册之日起不得少于七年。

4. 不允许出让商品原产地名称使用权和根据许可证授予排他使用权的其他特许交易。

第一千零三十五条　商品原产地名称的法律保护范围

1. 对位于境内的商品原产地名称在哈萨克斯坦共和国提供法律保护。

2. 如果名称在商品原产国注册，并且在哈萨克斯坦共和国按照本法典办理了名称登记，则在哈萨克斯坦共和国同样也对位于另一国的商品原产地名称提供法律保护。

第一千零三十六条　商品原产地名称使用权证书的有效期

商品原产地名称使用权证书自专利机构（组织）收到申请之日起生效，有效期为十年。

证书的有效期可以根据其所有者在证书有效期的最后一年内提出的申请延长十年，但须符合赋予名称使用权的条件。延长无次数限制。

第一千零三十七条　非法使用商品原产地名称的责任

1. 商品原产地名称使用权人，以及消费者权益保护组织可以要求非法使用者停止非法使用，并将非法使用的商品原产地名称或与之相似达到混淆程度的标志，从侵权商品、包装、货签和类似的标签上除去，将制造的名称图纸或与之相似达到混淆程度的标志销毁。如果无法去除商品的非法使用标记，则没收和销毁商品和（或）包装。

2. 商品原产地名称使用权人有权要求侵权人对该项损失承担赔偿责任（本法典第九条）。

第二部分 《乌兹别克斯坦共和国民法典》知识产权编

《乌兹别克斯坦共和国民法典》有两个部分，共计1199条：第一部分于1995年12月21日颁布（№ 163 - Ⅰ）；第二部分于1996年8月29日颁布（№ 256 - Ⅰ）。第一部分包括3编：第一编总则；第二编所有权和其他物权；第三编债权（包括第一分编债的一般规定，第二分编合同总则）。第二部分包括4编：第三分编债的种类；第四编知识产权；第五编继承权；第六编国际私法规范适用于民事法律关系。其中，第四编知识产权有7章81条（第1031－1111条）：第五十九章一般规定；第六十章著作权；第六十一章邻接权；第六十二章发明、实用新型、外观设计权；第六十三章动植物品种权；第六十四章保护未披露信息免遭非法使用；第六十五章民事活动的参加者、商品、工作和服务的个性化标识。该文本根据2015年8月2日修改（№ 257 - Ⅰ）的内容编译而成。

目　录

第四编　知识产权

第五十九章　一般规定

第一千零三十一条　知识产权客体

属于知识产权客体的有：

(1) 智力活动成果：

科学、文学和艺术作品；

表演、录音制品、有线和无线广播组织节目；

计算机软件和数据库；

发明、实用新型、外观设计；

动植物品种；

未披露信息，包括生产秘密。

(2) 民事活动的参加者、商品、工作和服务的个性化标识：

商号；

商标（服务商标）；

商品原产地名称。

(3) 在本法典或其他法律规定的情况下，智力活动的其他成果和民事交易主体、商品、工作和服务的个性化标识。

第一千零三十二条　知识产权客体的法律保护

知识产权客体的法律保护是由于其创造事实而产生，或在本法典或其他法律规定的情况下，由授权的国家机构提供法律保护而产生。

对未披露信息给予法律保护的条件由法律规定。

第一千零三十三条　知识产权客体的人身权和财产权

智力活动成果的人身权和财产权属于其作者。

属于作者的人身权独立于其财产权，在其智力活动成果财产权转让给他人的情况下，人身权仍属于作者。

个性化标识财产权属于民事活动的参加者、商品、工作或者服务的个性化标识权利的所有者。

署名权（被视为智力活动成果作者的权利）是人身权，只能属于其创造性工作创造了智力活动成果的人。

署名权不可剥夺和不可转让。

如果成果是由两个或两个以上的人共同创作的作品，他们被视为合作作者。对于个别的知识产权客体，法律可以限制合作作者的范围。

第一千零三十四条　知识产权客体专有权

智力活动成果或个性化标识的所有权人享有以任何形式和方式自行决定合法使用该知识产权客体的专有权利。

他人使用属于权利人拥有专有权的知识产权客体，必须经权利人同意。

知识产权客体专有权所有者有权全部或者部分转让该权利给他人，许可他人使用知识产权客体和有权以不与本法典和其他法律的规则相抵触的其他方式处分该客体。

在本法典和其他法律规定的情况、限制和程序中，允许限制专有权，包括向他人提供使用知识产权客体的可能性、承认这些权利无效及其终止（撤销）。

专有权利限制的适用的前提条件是，这种限制不会对知识产权客体的正常使用造成不正当的损害，并且不会无故侵犯著作权人的合法利益。

第一千零三十五条　专有权转让

除本法典或其他法律另有规定外，属于知识产权客体专有权利所有人的财产权，可以由权利人根据合同全部或者部分转让给他人，也可以通过继承和在法人——权利人重组的情况下进行转让。

财产权按照合同转让或者按照概括继承转让不导致作者权和其他不可剥夺和不可转让的专有权的转让或者限制。有关该权利的转让或者限制的合同条件无效。

按照合同转让的专有权应该在合同中确定。合同中没有规定作为转让的权利，视为未转让，除非另有证明。

许可合同规则适用于在合同有效期内给予他人有限时间的排他性权利的合同。

第一千零三十六条　许可合同

根据许可合同，对智力活动成果或个性化标识拥有专有权的一方（许可方）可以授予另一方（被许可方）使用相应知识产权客体的权利。

许可合同应当规定授予的权利、范围和使用期限。

许可合同被认为是有偿的。

许可合同可以规定授予被许可人：

知识产权客体使用权，许可人保留其使用权和向他人发放许可证的权利（普通的、非独占性许可）；

知识产权客体使用权，许可人保留其使用权，但无权给他人颁发许可证（排他性许可）；

法律允许的其他许可种类。

除非许可合同中另有规定，否则许可被认为是普通许可（非排他性许可）。

被许可人授予他人知识产权客体使用权的合同是再许可合同。被许可人在许可合同有规定的情况下有权签订再许可合同。

除许可合同另有规定外，被许可人对被再许可人的行为负责。

第一千零三十七条　智力活动成果的创作和使用合同

作者可以根据创作和使用智力活动成果的合同承担将来创作作品或其他智力活动成果的义务，并将该成果的专有使用权提供给非其雇主的客户。

本条第一款规定的合同应当规定可能创造的智力活动成果的特点，以及其使用目的或者方式。

如合同规定作者有义务将其将来创造的任何智力活动成果的专有使用权提供给任何人，则该合同无效。

在智力活动成果的创造和使用协议中，限制作者今后在一定种类或领域内创造智力活动成果的条款无效。

第一千零三十八条　专有权和所有权

智力活动成果或个性化标识的专有权独立于表现该成果或个性化标识的物质客体的所有权。

第一千零三十九条　知识产权客体专有权有效期

知识产权客体专有权在本法典或者其他法律规定的期间内有效。

知识产权客体的人身权永久有效。

在法律有规定时，知识产权客体专有权的效力可以由于在一定时间内未使用而终止。

第一千零四十条　知识产权客体专有权保护方式

对知识产权客体专有权的保护按照本法典第十一条规定的方式进行。保护专有权还可以：

没收侵犯专有权的物质客体和由于侵权创造的物质客体；

强制公布侵权行为以及被侵犯的权利的权属信息；

法律规定的其他方式。

如果违反关于智力活动成果和个性化标识的创造和使用的合同，则适用违反义务的一般责任规则。

第六十章　著　作　权

第一千零四十一条　著作权的客体

著作权适用于创作活动产生的科学、文学和艺术作品，而不论作品的价值和用途，以及表现方式。

著作权适用于任何客观形式的已发表和未发表的作品：

书面形式（手稿、打字稿、录音作品等其他形式）；

口头形式（公开演讲、公开演出等其他类似形式）；

录音录像（机械、磁性、数码、光盘等）；

图形（插图、草图、绘画、规划图、平面图、动画、电视、视频或者照片等）；

立体物（雕塑、模型、建筑等）；

其他形式。

著作权是表达形式的反映，而不是思想、原则、原理、方法、手段、流程、系统、技术或概念本身。

第一千零四十二条　著作权客体的种类

著作权客体包括：

文学作品（文学艺术、科技、学术、政论作品）；

戏剧和舞台剧作品；

有歌词或无歌词的音乐作品；

音乐剧作品；

舞蹈作品和哑剧作品；

音像作品；

绘画、雕塑、图形、设计和其他视觉艺术作品；

装饰实用艺术和舞台布景艺术作品；

一般建筑、城市建筑、园林建筑艺术作品；

摄影作品和类似摄影方式获得的作品；

属于地理、地形和其他科学的草图和作品；

电子计算机的应用程序和操作程序的所有形式；

其他著作形式符合要求的，可适用于本法典第一千零四十一条规定。

第一千零四十三条　作品的组成部分、衍生作品和汇编作品是著作权的客体

著作权客体是指符合本法典第一千零四十一条规定要求的客体：

作品的组成部分包括名称可以独立使用；

衍生作品（科学、文学和艺术作品的翻译、加工、注释、摘要、评论、编排、改编和其他加工）；

汇编作品（百科全书、文学选集、数据库）及其他对于材料的选择编排而属于创作劳动成果的编辑作品；

衍生作品和汇编作品受著作权保护，无论其基于或包含的作品是不是著作权客体。

第一千零四十四条　非著作权客体

著作权客体不包括：

官方文件（法律、决议等其他形式作品），以及上述文件的官方译文；

官方的象征和标志（国旗、国徽、勋章、货币标志等）；

民间文学艺术作品；

具有信息性质的当日新闻报道或事实报道；

通过专门用于生产某类型产品的技术手段取得的成果，而不进行直接旨在创造个人作品的创造性劳动。

第一千零四十五条　官方文件、象征和标志的设计权利

官方文件、象征、标志的设计的著作权属于创作该设计的人。

官方文件、象征和标志的设计人有权公布该设计，定做该设计的机构禁止的情形除外。在公布设计时，设计人有权标注自己的姓名。

如果设计已经由设计人公布或设计人已送交相应的机构，则设计可以不经设计人的同意用于机构的官方文件。

在根据相应设计制作官方文件、象征和标志时，可以按照制作官方文件、象征和标志的决定机构的意志对设计进行补充或修改。

设计经主管部门批准后，可以在不指出设计者姓名的情况下使用。

第一千零四十六条　作品的作者、著作权的产生、作者身份的推定

作品的作者是创作作品的公民。

科学、文学和艺术作品的著作权源于其创作的事实。对于著作权的产生和行使，不需要对作品进行登记或办理任何其他手续。

除非另有证明，作品或副本上注明为作者的人，应视为作者。

在匿名或化名发表作品时（作者的化名不构成对其身份怀疑的情况除外），如没有不同情况的证据，作品上指出其名称的出版者被视为作者的代理人并有权以代理人资格维护作者的权利和保障作者权利的行使。在作品的作者公开自己的身份并主张自己的作者身份权之前，适用这一规定。

第一千零四十七条　合作作品

作品是由两人或两人以上共同劳动创造的，其著作权属于共同创作者，无论作品是不可分割的整体还是可以独立使用的各组成部分。

作品的一部分如果可以脱离其他部分而独立使用，则这部分作品具有独立意义。

每位合作作者均有权根据自己的意志使用该作品中自己创作的具有独立意义的部分，但合作作者之间的协议另有规定的除外。

合作作者之间的关系通常由合同确定，如果没有合同约定，作品的著作权属于每位合作作者，稿酬均分。

如果合作作者的作品是不可分割的整体，没有充分依据，每位合作作者都无权禁止作品的使用。

第一千零四十八条　衍生作品的著作权

衍生作品的作者对由其加工处理的科学、文学和艺术作品享有著作权。

行使衍生作品的著作权必须在遵循原作品作者的权利基础上进行。

衍生作品作者的著作权不得阻碍其他人对已经实现基本处理的作品进行重新改编。

第一千零四十九条　组织作品创作者的权利

组织创作作品的人（音像作品的制作人、百科全书出版商、制作人等）

不被承认为相应作品的作者。但是，在本法典或其他法律规定的情况下，这些人拥有使用这些作品的专有权利。

音像作品的制作人有权在使用本作品时注明其姓名或名称或要求提供此类说明。

百科全书、百科辞典、科学作品的定期和持续文集、报纸、杂志以及其他期刊的出版者有权利用这些出版物。出版者有权在这些出版物被使用的任何场合署名或要求署名。除非著作权合同另有规定，否则这些出版物中作品的作者保留独占使用作品的权利，不管作品整体如何。

第一千零五十条　著作权的保护标志

著作权人可以使用著作权保护标志来宣示其权利，该标志位于作品的每个副本上，由 3 个要素组成：

圆圈中的拉丁字母“C”；

著作权人的姓名（名称）；

作品首次发表的年份；

除非另有证明，著作权保护标志中指定的人是权利持有人。

第一千零五十一条　作者的人身权

作品的作者有以下人身权：

被承认为作品作者的权利（著作身份权）；

使用或授权使用作者的真实姓名、假名或无名字的作品的权利，即匿名（署名权）；

以任何形式发表或者允许发表作品的权利（发表权），包括撤销权；

保护作品的权利，包括保护作品不受任何歪曲或者能够给作品的创作者的名誉和尊严造成损失或其他侵害的可能性的权利。

作者有权撤回此前发表的作品（撤回权），作者必须赔偿因撤回给作品的使用人造成的损失，包括利润损失。如果作品已经发表，作者必须公开通知其撤回，在这种情况下，其有权自己支付费用让此前已经制作完成的作品的复制品退出流通。撤回权不适用于官方作品，除非在与作者签订的合同中另有规定。

在出版、公开表演或其他作品的使用方式中，只有经作者允许才能对作品进行编辑或其他方面的调整，以及指定作品名称和作者姓名。

未经作者同意，禁止对其作品加入图片、注释、后记、评论或任何解释。

人身权只能是作品的作者享有。无论其财产权怎样，在作品的专属权出让的情况下，该权利仍为作者享有。

作者与任何人的协议和关于拒绝放弃行使人身权的声明是无效的。

第一千零五十二条　删除

第一千零五十三条　删除

第一千零五十四条　删除

第一千零五十五条　删除

第一千零五十六条　作者的财产权

作者拥有以任何形式和任何方式使用作品的权利。

法人和自然人，除本法典和其他法律规定的情况外，可以根据与权利人或者授权人的合同使用作品，包括根据与财产权管理组织签订的合同或者在无合同的情况下根据与履行该组织职能和责任的组织签订的合同。

作者使用作品的专有权意味着行使权利或允许下列行为：

复制作品（复制权）；

通过出售或其他所有权转让传播作品的原件或副本（传播权）；

将作品提供给公众（发表权）；

出租作品的原件或复制品（出租权）；

为传播目的进口作品或其复制品，包括经著作权持有人许可制作的复制品（进口权）；

通过电线（电缆）或其他类似手段向公众传播作品（电缆通信权）；

整理、改编或以其他方式处理作品（编辑权）；

公开展示作品（展览权）；

公开表演作品（表演权）；

通过无线通信向公众传达作品（广播权）；

翻译作品（翻译权）；

如果这种传播是由其他组织进行，而不是由最初的组织进行，则作品将二次传播给公众（转播权）；

作者有权对其作品的任何一种使用方式收取报酬（报酬权）。

如果已出版作品的副本通过出售或以其他方式转让所有权合法地进入民事流通，则可以在未经作者同意和不向作者支付报酬的情况下进一步分发，但法律另有规定的情况除外。

作品的使用独立于其获取收入或者不是为了此目的。

构成作品内容的条款（发明、其他技术、经济、组织等决定）的实际应用不被视为著作权意义上的作品使用。

第一千零五十七条 删除

第一千零五十八条 著作权限制

只有在本法典第一千零五十九条至第一千零六十二条或其他法律规定的情况下，才允许限制作者和其他人使用作品的专有权利。这些限制使用不会给作品的正常使用带来无法弥补的损失，也不会无端损害作者的合法利益。

第一千零五十九条 未经作者同意因个人目的复制作品不支付报酬

未经作者或其他权利持有人的同意因个人目的复制作品不支付报酬，但法律另有规定的情况除外。

本条第一款的规则不适用于：

以建筑物和构筑物的形式复制建筑作品；

复制数据库或其实质部分；

复制电子计算机程序，但法律另有规定的情况除外；

书籍（全套）和音乐文本的复印。

第一千零六十条 自由公开演奏音乐作品

允许在官方庆典和宗教庆典以及葬礼上公开演奏这些作品，无须经过作者的同意，也无须向作者支付报酬，演奏的范围也应以仪式庆典的音乐为限。

第一千零六十一条　为进行侦讯、事先调查、行政和司法调查目的而使用作品

未经作者或其他权利人的同意，允许在进行侦讯、事先调查、行政和司法调查中无偿使用作品。

第一千零六十二条　职务作品的著作权

在执行公务或职务任务（服务工作）过程中创作的作品的人身权归该作品的作者所有。

使用职务作品的专有权属于雇主，但雇主与作者之间的合同另有规定的除外。

职务作品的每一种使用方式的报酬数额及其支付方式由作者和雇主之间的合同确定。在作品公布十年后，经雇主同意，作者有权使用作品并获得报酬，无论雇主和作者之间的合同如何。

作者以非职务目的所确定的方式使用职务作品的权利不受限制。

雇主在使用职务作品时可以指明其姓名或名称或要求指出其姓名或名称。

本法典第一千零四十九条第三款规定的百科全书、百科辞典、科学作品的定期和持续文集、报纸、杂志和其他期刊系在执行公务过程中创作的，不适用本条规定。

第一千零六十三条　著作权的适用范围

根据本法典著作权适用于：

作者或其他原版权持有人的作品，他们是乌兹别克斯坦共和国公民或在乌兹别克斯坦共和国境内有永久居留权；

在乌兹别克斯坦共和国首次出版的作品，不论其作者的国籍和永久居住地；

根据乌兹别克斯坦共和国所签署的国际条约在乌兹别克斯坦共和国受保护的作品。

如果作品在乌兹别克斯坦共和国境外初次发表后三十日内又在乌兹别克斯坦共和国境内发表，作品亦视为在乌兹别克斯坦共和国首次发表。

根据乌兹别克斯坦共和国的国际条约，在乌兹别克斯坦共和国境内对作品给予保护时，作品的作者应根据在其境内发生的作为拥有版权依据的法律事实的国家的法律确定。

第一千零六十四条 删除

第一千零六十五条 著作权的有效期

著作权有效期为作者有生之年和去世后五十年，但本条和其他法律另有规定的情况除外。

共同作者创作的作品的著作权有效期为共同作者的有生之年以及最后一位合作作者去世后的五十年。

以化名或匿名方式合法出版的作品的版权有效期为发表后五十年。如果在规定期限内，化名或匿名发表作品的作者公开自己的身份或其身份最后确定无疑，则适用于本条第一款的规定。

作者去世后首次发表的作品的著作权在其问世后五十年内有效。

作者的姓名权和保护作者名誉的权利受到无限期的保护。

根据乌兹别克斯坦共和国签署的国际条约的规定向作品提供保护时，著作权在乌兹别克斯坦共和国境内的效力期限不得超过原创国确定的效力期限。

本条规定的期限的计算从期限开始的基础法律事实发生后的次年 1 月 1 日开始。

第一千零六十六条 作品转入公有领域

作品的著作权到期意味着作品进入公共领域。

任何人都可以自由使用公有领域的作品而无须向作者支付报酬。同时，必须尊重作者的人身权。

第一千零六十七条 著作权合同

根据本法典第一千零五十六条第三款规定的财产权，除本法典和其他法律另有规定的情况外，只有与作者签订合同，著作权才能由权利人转让给他人。

作者财产权的转让可以根据专有权转让协议或非专有权转让协议进行。

著作权合同关于排他性权利转让的协议允许以某种方式在条约规定的范围内仅由转让这些权利的人使用该作品。

非专有性著作权转让协议允许作品使用者与转让此类权利的专有权持有人或以同样方式获得使用该作品许可的其他人平等地使用该作品。

作品的著作权与作品的物质客体的所有权无关。

转让物质客体的所有权或拥有物质客体的权利本身并不意味着将任何作品的著作权进行转让。

第一千零六十八条　著作权合同条款

著作权合同应当规定：

使用作品的方式（根据本合同转让的具体权利）；

报酬的数额和（或）确定每种使用方法的报酬金额、程序和付款条件的程序以及时间；

著作权合同可以规定双方认为必要的其他条件；

如果著作权合同中未包含作品使用权转让期限的条款，则作者可以在合同签订之日起五年后终止该合同，前提是协议终止前六个月，书面通知合同相对人；

如果著作合同中没有规定使用该作品权利的领土的条款，则根据合同转让的权利的效力仅限于乌兹别克斯坦共和国领土；

著作权转让协议未明确规定的作品使用权视为未转让；

合同签订时未知的作品使用权不能成为著作权合同标的；

报酬在著作合同中以使用作品的相应方式的收入百分比的形式确定，或者如果由于作品的性质或使用的特殊性而无法做到这一点，则以确定金额的形式在合同中确定或以其他方式确定。该报酬的最低数额由乌兹别克斯坦共和国内阁确定。

如果著作权合同关于出版或其他使用作品的方式中，报酬以固定金额的形式确定，那么合同必须规定作品的最大发行量。

根据著作权合同转让的权利，只有在合同明确规定的情况下，才可以全部或部分转让给他人。

限制作者将来创作有关主题或在这个领域的作品的著作权条款是无效的。

著作权合同的条款与本法典或其他法律的要求相抵触的，视为无效。

第一千零六十九条　著作权合同的形式

除法律另有规定的情况外，著作权合同必须以书面形式缔结。

第一千零七十条　著作权合同的责任

不履行或不适当履行著作权合同义务的一方有责任赔偿给另一方因此造成的损失，包括利润损失。

第一千零七十一条　删除

第一千零七十二条　删除

第一千零七十三条　著作权关系的法律规制

著作权关系受本法典和其他法律规定调整。

第六十一章　邻　接　权

第一千零七十四条　邻接权的客体

邻接权的客体包括表演、录音制品、广播电视组织节目。

第一千零七十五条　邻接权的主体

邻接权的主体是表演者、录音制品制作者、广播电视组织。

邻接权的产生和行使，不需要就邻接权的客体进行登记或办理其他手续。

法人和自然人，包括通过有线电视（包括转播）进行广播和通信的人，除本法典和其他法律另有规定的情况外，只能根据与权利持有人或其他授权人员的协议，使用广播或有线电视广播组织的作品、表演、录音。转播必须尊重作者、表演者、录音制品制作者和其他权利持有人的广播权、有线通信权和向公众传播的权利。

第一千零七十六条　邻接权的法律保护标志

录音制品和（或）录音制品表演专有权的持有者，有权在每份录音制品的原件或复制品上以及在录音制品的外盒上使用邻接权的保护标志。该标志由三个要素组成：

圆圈中的拉丁字母“P”；

专属邻接权人的名称；

录音作品首次公之于众的年份。

除非另有证明，录音制品的制作者是指在该录音制品上标明其姓名或名称的法人或自然人。

第一千零七十七条　表演者的权利

表演者拥有以下权利：

姓名权；

保护演出免受任何歪曲或能够给表演者名誉和尊严造成损失的其他权利；

以任何形式使用演出的专属权，其中包括有权对每次使用收取报酬。

表演者使用表演的专属权意味着可以实施或允许采取以下行为：

重现表演的权利（复制权）；

演出的原件或复制品通过出售或其他形式转让（传播的权利）；

将演出记录公之于世（发表权）；

在表演者同意后传播表演的原件或复制品，并且不论原件或复制品的所有权如何（租赁权）；

录制先前未录制的表演（录制权）；

以无线或有线转播表演，如果转播使用的表演不是以前的无线转播或者不是正在进行的表演记录（未记录表演的广播电视转播权）；

以广播电视转播表演记录，如果初次表演录音不是基于商业目的（表演记录的广播电视转播权）。

表演记录的复制品，通过出售或者其他所有权转让的方式合法地进入民事流通的，可以不经表演者同意，不向其支付报酬，继续发行。

演出人员为完成公务或用人单位的任务而进行的演出，适用于本法典第一千零六十二条。

表演者在行使其权利时必须尊重所表演作品的作者的权利。

第一千零七十八条　录音制品制作者权

根据本法典和其他法律的规定，录音制品制作者拥有使用录音制品的专有权。

录音制品制作者使用录音制品的专有权意味着有权实施或授权以下行为：

复制录音制品（复制权）；

通过出售或以其他方式转让发行权，来发行录音制品的原件或副本（发行权）；

将录音制品公布于众；

在录音制品发行后，经过录音制品制作者自己的实施或其同意出租录音制品的原件或复印件（租赁权）；

为传播目的进口录音制品或其复制品，包括经权利持有人许可制作的复制品；

录音制品的有线或无线的广播（传播权）；

改编或以其他方式加工录音制品（改编权）。

录音制品的制作者有权对每种使用方式收取报酬。

如果合法发表的录音制品的原件或复制品在国家境内通过出售或者其他所有权转让的方式合法进入民事流通的，可不经录音制品制作者同意，不向其支付报酬，继续发行。

本条第二款规定的录音制品制作者的专有权可以根据合同转让给其他人。本法典第一千零六十七条、第一千零六十八条和第一千零六十九条的规定适用于该合同。

录音制品制作者必须在尊重其所使用作品和表演的作者权利的同时行使自己的权利。

录音制品被视为已被使用，而不论其用于营利目的或其使用不是为了营利目的。

第一千零七十九条　广播电视组织的权利

根据本法典和其他法律广播电视组织享有使用其节目的专有权。

广播电视组织节目的专有权意味着有权实施或授权以下行为：

节目的复制（复制权）；

通过出售或以其他所有权转让的方式转让广播节目原件或复制品进行传播；

将广播节目向公众公开；

广播节目的录制（录制权）；

在收费入场地点向公众播送节目（在收费地点向公众播送节目权）；

转播节目（转播权）；

通过有线或者无线向公众播送节目（广播权）。

广播电视组织有权因其节目的每一种使用而获得报酬。

本条第二款规定的广播电视组织的专有权可以根据协议转让给他人。本法典第一千零六十七条、第一千零六十八条和第一千零六十九条的规定适用于该合同。

广播电视组织必须在尊重所使用作品和表演的作者权利的同时行使自己的权利。

广播电视组织的节目被视为已被使用，无论是否基于营利目的。

第一千零八十条　删除

第一千零八十一条　删除

第六十二章　发明、实用新型、外观设计权

第一千零八十二条　发明、实用新型、外观设计的法律保护

发明、实用新型、外观设计权在授予专利的条件下被保护。

乌兹别克斯坦共和国知识产权局对产生专利权的发明、实用新型、外观设计的要求及其颁发程序由法律规定。

第一千零八十三条 发明、实用新型、外观设计使用权

专利权人有权自行决定使用受专利保护的发明、实用新型、外观设计，包括运用受保护的解决方案生产产品的权利，在自己的生产中运用受专利保护的工艺流程，销售或提供含有受专利保护解决方案的产品，进口相关产品。

专利权人以外的其他人未经许可不得使用发明、实用新型、外观设计，除非根据本法典或者其他法律，这种使用不构成侵犯专利权人权利。

未经授权制造、使用、进口、许诺销售、销售，利用发明、实用新型或外观设计的专利制造的其他进入民事流通或为此目的储存的产品，被视为侵犯专利权人的专有权。

第一千零八十四条 专利权的处分

获批的专利权、专利申请登记权、持有专利权和因专利产生的权利，可以全部或部分转让给他人。

专利权需登记后产生效力，专利权和因专利产生的权利可全部和部分转让给他人。

第一千零八十五条 身份权

发明、实用新型或者外观设计的创造者对发明、实用新型或者外观设计享有身份权和专有名称的权利。

发明、实用新型、外观设计的身份权和其他个人权利是基于专利权的产生而产生的。

法律可以为发明、实用新型、外观设计的创造者规定具有社会性质的专有权利、利益和优势。

权利申请书中标明的人被视为作者，但另有证明的除外。只有在权利产生之前存在的事实和情况才能作为证据。

第一千零八十六条 发明、实用新型、外观设计的共同创造者

发明、实用新型、外观设计的共同创造者的关系由各方协议确定。

对发明、实用新型、外观设计的非创造性协助（物质方面的协助、权利登记方面的协助等）不是共同创造。

第一千零八十七条　职务发明、实用新型、外观设计权

如果雇员与雇主之间的合同有约定，则雇员因履行劳动职责或雇主布置的具体任务而完成的发明、实用新型或外观设计的专利权属于雇主（职务发明）。

向工作人员支付其发明、实用新型、外观设计的报酬数额，给付条件和程序应由工作人员与雇主协议确定。如有争议，则由法院确定。如果不能衡量工作人员和雇主对发明、实用新型或外观设计的贡献，则工作人员有权从雇主那里收到或本应收到一半的利益。

第一千零八十八条　专利权转让合同的形式

专利权转让合同（关于专利转让）必须以书面形式完成，并须向乌兹别克斯坦共和国知识产权局登记。不遵守书面形式或登记要求会导致合同无效。

第一千零八十九条　发明、实用新型、外观设计使用许可（许可证）的形式

许可协议和再许可协议应以书面形式签订，并应在乌兹别克斯坦共和国知识产权局登记。违反书面形式或登记要求将导致合同无效。

第一千零九十条　专利侵权责任

应专利权人的请求，专利侵权行为必须终止，侵权人必须赔偿专利权人由此遭受的损失。专利权人有权向侵权人追偿其因侵权而获得的收入，而不仅仅是赔偿损失。

第六十三章　动植物品种权

第一千零九十一条　动植物品种权的保护

动植物品种权受专利权保护。

获得专利权的条件和授予育种成果的程序由法律规定。

本法典第一千零八十四条至第一千零九十条的规定适用于与动植物品种权有关的关系，本章规则和法律另有规定的除外。

第一千零九十二条 动植物品种的育种人的报酬权

非专利权人的育种成果的育种人在专利有效期内有权因使用育种成果而从专利权人处获得报酬。

育种人获得报酬的条件和金额由育种人和专利持有权人之间订立的合同确定。

第一千零九十三条 专利持有权人的权利

育种成果专利的持有人有权在法律规定的范围内使用该成果。

第一千零九十四条 专利权人的义务

育种成果专利的持有人有义务在专利有效期内保持有关的植物品种或动物品种，以便保留在其注册时对该品种的描述中所述的特征。

第六十四章 保护未披露信息免遭非法使用

第一千零九十五条 保护未披露信息的权利

合法掌握技术的、组织的或是商业的信息，其中包括生产秘密（技术诀窍）和不为第三人所知的信息（未披露信息）的人，符合本法典第九十八条规定的条件的，则有权保护这些信息免于非法使用。

保护未披露的信息不被非法使用的权利，独立于履行该信息的任何手续（登记、获取证书等）。

未披露信息保护规则不适用于依法不能构成官方秘密或商业秘密的信息（关于法人、财产权利和交易的信息、应在国家登记的信息、应作为国家统计报告提交的信息等）。

保护未披露信息的权利在本法典第九十八条规定的条件下有效。

第一千零九十六条 非法使用未披露信息的责任

非法获取、传播或使用未披露信息的人有义务向合法拥有该信息的人赔偿因非法使用该信息而造成的损失。

如果非法使用未披露信息的人是从无权处分信息的人处得到的信息，信息获取者不知道也不应该知道这一信息的为善意取得者。当善意取得者知道自己使用的是未披露信息之后，未披露信息的合法所有者有权要求他赔偿因使用未披露信息而造成的损失。

合法持有未披露信息的人有权要求非法使用者立即停止使用。但是，考虑善意获取未披露信息的人为其使用所花费的资金，法院可以根据付费许可的条款授权其进一步使用。

独立且合法地收到未披露信息的个人有权使用这些信息，不管相关未披露信息的所有者的权利如何，均对此不承担任何责任。

第一千零九十七条　保护未披露信息免遭非法使用的权利的转让

拥有未披露信息的人可以根据许可合同将构成该信息内容的全部或部分转让给他人。

被许可人有义务采取适当措施保护根据合同获得的信息的机密性，并且有权保护其免受第三方和许可人的非法使用。除非合同另有规定，在许可合同终止后，如果相关信息仍然是未公开的信息，被许可人仍有义务对信息保密。

第六十五章　民事活动的参加者、商品、工作和服务的个性化标识

（一）商号

第一千零九十八条　商号权

法人享有在商品、包装、广告、招牌、简介、产品目录、票据、印刷出版物、正式信笺和相关活动的其他文件上，以及在乌兹别克斯坦共和国境内的商品展览会和交易会使用商号的权利。

法人的商号应在其组成文件中注明。商号权自法人国家注册之日起产生。

法人的商号不得与已经注册的法人商号相似，从而避免混淆对相关法人的识别。

第一千零九十九条　法人商号在商标中的使用

法人商号可在其商标中使用。

第一千一百条　商号权的效力

作为识别法人的在乌兹别克斯坦共和国注册的商号专有权在乌兹别克斯坦共和国境内有效。

在外国注册或公认的名称专有权，在法律规定的情况下在乌兹别克斯坦共和国境内有效。

商号权的效力从法人清算或其商号变更后终止。

第一千一百零一条　商号权的转让

只有在法人重组和整个企业转让的情况下，才允许转让法人的商号权。

商号权持有人可以许可他人使用其商号（颁发许可证）。但是，许可合同应当规定防止误导消费者的措施。

（二）商标（服务商标）

第一千一百零二条　商标的法律保护

商标（服务商标）在其注册的基础上获得法律保护。

商标权由商标（服务商标）注册证书证明。

第一千一百零三条　商标的使用权和不可侵犯性

商标权持有人拥有使用和处置属于其标志的专有权。商标权的持有人拥有对商标进行变更和补充的专有权。

商标的使用是指按照法律规定的程序进入流通的任何行为。

在商标的出版、公开发行或其他使用中，只有在商标权持有人同意的情况下，才能对商标本身及其标识进行任何修改。

商标不可侵犯权属于商标权的持有者。

第一千一百零四条　不使用商标的后果

商标连续五年无正当理由未使用的，经利害关系人申请，可以撤销其注册。

商标使用许可证的发放视为商标使用。

第一千一百零五条　商标权的转让

商标权证书中所列商品、工作和服务的所有类别或其一部分的商标权可由权利持有人根据合同转让给他人。

如果商标权的转让会造成社会公众对产品或其制造商的误导，则不允许转让商标权。

商标权的转让，包括根据合同或继承方式进行的转让，必须在乌兹别克斯坦共和国知识产权局进行登记。

第一千一百零六条　转让商标权的合同方式

关于转让商标权或授予许可的合同均应以书面形式签订，并在乌兹别克斯坦共和国知识产权局进行登记。

不遵守书面形式和登记要求会导致合同无效。

第一千一百零七条　侵犯商标权的责任

非法使用商标的人必须停止违法行为，并赔偿对商标持有人造成的损失。

非法使用商标的侵权人必须销毁商标标识，将产品或其包装中非法使用的商标或与其相似的名称从商标或包装中移除。

如果与本条第二款的要求不符，则销毁相应的货物。

（三）商品原产地名称

第一千一百零八条　商品原产地名称的法律保护

在注册基础上对原产地名称提供法律保护。

原产地名称（标明原产地）是指用于表示货物的国家、居民点、地区或其他地理特征的名称，其特殊性质完全或主要取决于该地理物体的特征自然条件或其他因素或自然条件和这些因素的结合。

商品的原产地名称可以是地理客体的历史名称。

商品原产地名称的注册由乌兹别克斯坦共和国知识产权局进行。

根据本款规定，不承认系货物原产地名称，也不为其出于法律保护的目的进行登记，尽管标记是或包含地理对象的名称，在乌兹别克斯坦共和国作为某种商品的通用标志而被普遍使用，则与制造地无关。但是，这并不妨碍其权利因滥用该名称而受到侵犯的人以法律规定的其他方式获得保护。

在注册的基础上，签发商品原产地名称使用权证书。

注册、签发证书、宣布无效、终止注册和证书效力的程序与条件由法律规定。

第一千一百零九条 商品原产地名称使用权

拥有使用原产地名称权的人，有权在货物、包装、广告、招股说明书、发票上注明原产地名称，并以其他方式在民事流通中使用原产地名称。

商品原产地名称可以由多人共同或独立地注册，以指定符合本法典第一千一百零八条第一、第二和第三部分规定的要求的商品。使用原产地名称的权利属于这些人中的每一个人。

不允许转让、以其他方式转让原产地名称使用权和根据许可证授予使用权。

第一千一百一十条 商品原产地名称的法律保护范围

在乌兹别克斯坦共和国，对位于乌兹别克斯坦共和国境内的商品原产地名称提供法律保护。

如果原产地名称在商品原产国以及乌兹别克斯坦共和国知识产权局注册，则根据本法典，位于另一国家的商品原产地名称在乌兹别克斯坦共和国受法律保护。

第一千一百一十一条 非法使用商品原产地名称的责任

有权使用商品原产地名称的人以及消费者保护组织有权要求非法使用该名称的人停止使用，移除商品、商品包装、单据和其他文件中非法使用的名称或与其相混淆的名称，销毁该名称或与其相混淆的名称的标识，如无法移除，则回收并销毁商品和（或）包装。

有权使用商品原产地名称的人有权要求侵犯该权利的人赔偿损失。

第三部分 《土库曼斯坦民法典》知识产权编

《土库曼斯坦民法典》于1998年7月17日颁布（№ 294－Ⅰ），2012年12月22日修改，由五部分组成，共计1260条：第一部分总则；第二部分物（财产）权；第三部分债权；第四部分知识产权；第五部分继承权。其中，第四部分知识产权包括5编，共计18条（第1052－1069条）：第一编一般规定；第二编专有权；第三编许可合同；第四编财产权集体管理；第五编知识产权保护。该文本根据2012年12月22日修改的内容编译而成。

目　录

第四部分　知 识 产 权

第一编　一 般 规 定

第一千零五十二条　知识产权的客体

1. 智力活动成果和个性化标识属于知识产权法的客体。

2. 属于智力活动成果的有：

（1）科学、文学和艺术作品；

（2）计算机软件；

（3）数据库；

（4）表演；

（5）录音、录像；

（6）有线或者无线广播；

（7）发明；

（8）实用新型；

（9）外观设计；

（10）动植物新品种；

（11）集成电路布图设计；

（12）生产秘密；

（13）土库曼斯坦法律和国际条约规定的其他智力活动成果。

3. 下列属于法人、产品、工作或服务的个性化标识：

（1）商业名称（商号）；

（2）商品商标和服务商标；

（3）商品原产地名称；

（4）商业标志；

（5）土库曼斯坦法律规定的其他个性化标识。

第一千零五十三条　知识产权

知识产权是指关于智力活动成果以及个性化标识的权利。知识产权是专有的财产权，在土库曼斯坦立法规定的情况下，还包括追续权、许可权和其他权利。

第一千零五十四条　知识产权和所有权

1. 知识产权独立于体现相应智力活动成果或者个性化标识的物质载体（物）所有权。

2. 物的所有权转移并不导致体现在该物上的智力活动成果或者个性化标识知识产权的转移或者授予，但土库曼斯坦法律另有规定的除外。

第一千零五十五条　智力活动成果创作者

1. 以创造性劳动创造该成果的人被认为是智力活动成果的创作者。没有为该成果进行个人创造性贡献以及执行监督完成相应工作的人不被承认是智力活动成果的创作者，包括只给予创作者技术、咨询、组织、物质帮助或者只协助办理该成果注册或者其运用。

2. 著作身份权属于智力活动成果的创作者，在本法典规定的情况下，署名权和其他人身权也属于创作者。

作者的身份权、署名权和其他人身权不可剥夺和不可转让，放弃这些权利是无效的。

作者身份权和署名权的保护是无期限的。作者死后，可以由其委托的任何利害关系人保护作者身份权、署名权和死后作品的不可侵犯性，除非作者指定了遗嘱执行人。

3. 以创造性劳动创造的智力活动成果专有权最初产生于作者。这个权利可以由作者按照合同转移给第三人，以及按照法律规定的其他理由转移给其他人。

4. 两个或者两个以上的人以创造性劳动，共同创作的智力活动成果权利属于共同作者。

第二编 专 有 权

第一千零五十六条 专有权

1. 对智力活动的成果或个性化标识拥有专有权的个人或法人有权自行决定以任何方式使用此智力活动成果或个性化标识，除非土库曼斯坦法律另有规定。智力活动成果或个性化标识的权利人可以自行决定许可或禁止他人使用智力活动的成果或者个性化标识。

没有禁止不视为同意（许可）。

未经著作权人同意，其他人不得使用相应的智力活动成果或个性化标识，但土库曼斯坦法律另有规定的情况除外。使用智力活动的成果或个性化标识（包括以土库曼斯坦法律规定的方式使用），如果未经权利持有人同意而使用，则属非法使用，并应承担法律规定的责任。土库曼斯坦法律允许未经权利人同意而使用智力活动的成果或个性化标识的情况除外。

2. 智力活动的成果或个性化标识的专有权可以属于一个人或几个人共同拥有。

3. 在智力活动成果或者个性化标识专有权属于几个人共有时，每个权利人可以自行决定使用该成果或者个性化标识，如果本法典或者权利人之间的协议没有另外规定，专有权属于共有人的相互关系由他们之间的协议规定。

第一千零五十七条 专有权有效期

1. 智力活动成果和个性化标识专有权在土库曼斯坦法律规定的一定期限内有效。

2. 土库曼斯坦法律规定了智力活动成果或个性化标识的专有权有效期的期限、计算该期限的程序、延长该期限的理由和程序以及在期限届满前终止专有权的理由和程序。

第一千零五十八条　在土库曼斯坦领土上专有权和其他知识产权的效力

1. 土库曼斯坦法律和国际条约规定的智力活动成果和个性化标识专有权在土库曼斯坦领土有效。

2. 根据土库曼斯坦所签署的国际条约，在确认智力活动成果或者个性化标识专有权时，其权利内容、效力、限制、实施程序和保护由土库曼斯坦法律规定，独立于专有权产生国家法律的规定，但土库曼斯坦法律另有规定的除外。

第一千零五十九条　智力活动成果和个性化标识的国家注册

1. 在土库曼斯坦法律规定的情况下，对智力活动成果或个性化标识的专有权应予以承认和保护，必须对这些成果或个性化标识进行国家注册。

2. 如果智力活动成果或个性化标识根据土库曼斯坦的法律需要进行国家注册，则根据协议转让智力活动成果或个性化标识的专有权，质押权利或根据协议授予使用该成果或该等标识的权利需要进行国家注册，而同样，转让该智力活动成果和个性化标识的专有权也需进行国家登记，其程序和条件由土库曼斯坦法律规定。

3. 除本法典第一千二百八十一条规定的情况外，通过继承对智力活动成果或个性化标识的专有权转让进行国家登记的依据应是继承权证明书。

4. 在土库曼斯坦法律规定的情况下，智力活动成果国家注册可以按照权利人的意愿实施。在此情况下，本条第二款和第三款的规则适用于注册的智力活动成果和该成果的权利。

第一千零六十条　专有权处分

1. 权利人可以在不违背法律和专有权本质的情况下，以任何方式处置属于他的智力活动成果或个性化标识的专有权，包括根据协议将其转让给他人（专有权转让协议），或授予他人在协议规定的范围内使用相应智力活动成果或个性化标识的权利（许可协议）。

许可合同的签订不导致专有权本身转让给被许可人。

2. 关于债和合同的一般规定适用于智力活动成果或个性化标识专有权处

分合同，包括专有权处分合同和许可（分许可）合同。除非本编规则另有规定或从专有权的内容或性质中推断。

3. 没有直接规定智力活动成果或者个性化标识全面转让的合同视为许可合同，除专门为列入复杂客体而设立或创建的智力活动成果的使用权而订立的合同外。

4. 在专有权转让合同或许可协议的条款中，限制其某个领域的创造性智力成果或者限制其转让给他人的条款无效。

5. 在签订智力活动成果或者个性化标识专有权担保合同时，如果合同没有另外规定，出质人未经质押权人同意有权在该合同有效期内使用该智力活动成果或者个性化标识，并处分该成果或者个性化标识的专有权。

第一千零六十一条　没有合同将专有权转让给他人

在下列情况中，允许在未与权利持有人订立合同的情况下，将智力活动成果或个性化标识的专有权转让给他人：普通继承程序（继承、重组法人）以及对权利人财产的追索。

第三编　许 可 合 同

第一千零六十二条　许可合同

1. 按照许可合同，一方当事人——智力活动成果或者个性化标识专有权人（许可人）有授予或者承诺授予另一方当事人（被许可人）在合同规定的范围内使用该成果或者个性化标识的权利。

被许可人只能在授权的范围内并以许可协议规定的方式使用智力活动成果或个性化标识。许可协议中未直接规定使用智力活动成果或个性化标识的权利的，不视为授予被许可人使用权。

2. 许可合同规定的期限不能超过智力活动成果或者个性化标识专有权有效期限。专有权终止即许可合同终止。

3. 许可合同应当规定合同标的和智力活动成果或者个性化标识使用方式。

4. 许可合同可以规定：

（1）授予被许可人智力活动成果或者个性化标识使用权，为许可人保留给他人颁发许可证权利——普通许可（非独占性许可）。

（2）授予被许可人智力活动成果或者个性化标识使用权，许可人不保留给他人颁发许可证权利——独家许可（排他性许可）。

5. 如果许可合同没有另外规定，许可视为普通许可（非独占性许可）。

第一千零六十三条　再许可合同

1. 在许可人书面同意时，被许可人可以按照合同将智力活动成果或者个性化标识使用权授予他人（再许可合同）。

2. 按照再许可合同被再许可人只能在被许可人许可合同规定的使用方式范围内享有智力活动成果或者个性化标识的使用权。

3. 签订期限超过许可协议有效期的再许可协议视为在许可协议有效期内签订。

4. 如果许可合同没有另外规定，被许可人对许可人承担被再许可人行为的责任。

5. 本法典有关许可合同的规则适用于再许可合同。

第一千零六十四条　强制许可

在土库曼斯坦法律有规定的情况下，法院可以应利害关系人的请求判决授予该人智力活动成果使用权，其专有权属于他人（强制许可）。

第四编　财产权集体管理

第一千零六十五条　财产权管理组织

权利主体有权创建集体管理财产权的组织。创建此类组织的程序及其权利的限制由土库曼斯坦法律确定。

第五编 知识产权保护

第一千零六十六条 与知识产权保护相联系的纠纷

与知识产权有关的侵权和异议纠纷由法院审理和裁决。

第一千零六十七条 知识产权保护

1. 知识产权保护方式由土库曼斯坦法律规定，并考虑侵权的实质和侵权后果。

2. 本法典规定的知识产权保护方法可以按照权利人、集体管理组织，以及土库曼斯坦法律规定的其他人的要求适用。

第一千零六十八条 专有权保护

1. 对智力活动成果和个性化标识专有权进行保护，包括通过提出以下要求：

（1）提出声明——针对否定或以其他方式否认侵犯权利人的利益；

（2）制止侵权或者侵权危险行为——针对实施这种行为或者为此类行为进行必要准备；

（3）损害赔偿——针对未经权利人同意而不正当使用智力活动成果或个性化标识（无合同使用）或以其他方式侵犯其专有权并对其造成损害；

（4）没收主要用于实施侵犯专有权的物质载体、设备和资料——针对其制造者、进口商、保管人、承运人、购买人、其他传播者、恶意购买者；

（5）公布指明实际权利人的法院判决——针对专有权侵权人。

2. 对于侵犯物质载体、设备和材料专有权案件按照诉讼保全程序提出侵犯智力活动成果或个性化标识专有权的，可以采取土库曼斯坦诉讼法规定的临时措施，包括扣押物质载体、设备和材料。

3. 在制作、分销或以其他方式使用，以及进口、运输或储存体现智力活动成果或个性化标识物质载体时侵犯了权利人对该成果或个性化标识专有权的，这种物质载体被认为是伪造的，根据法院的判决，不得流通并无须任何补偿而销毁，土库曼斯坦法律规定了其他后果的除外。

4. 在某些情况下，如果侵犯智力活动成果或个性化标识的专有权被认定为不正当竞争，对被侵犯的专有权的保护可以通过本法典规定的方式和土库曼斯坦其他法律规定的方式进行。

第一千零六十九条　知识产权领域关系的国家调整

知识产权领域的关系由授权的国家知识产权机构执行。

第四部分 《塔吉克斯坦共和国民法典》知识产权编

《塔吉克斯坦共和国民法典》分为3个部分，共7编。第一部分于1999年6月30日颁布，2016年7月23日修改，包括三编：第一编总则；第二编所有权和其他物权；第三编债权。第二部分于1999年12月11日颁布，2012年7月3日修改，只有一编：第四编债的种类。第三部分于2005年3月1日颁布，2012年7月3日修改，包括三编：第五编知识产权；第六编继承权；第七编国际私法。该民法典共计1234条。其中，第五编知识产权只规定了知识产权一般规定，共计14条。该文本根据2012年7月3日修改的内容编译而成。

目　　录

第五编　知 识 产 权

第五十七章　知识产权一般规定

第一千一百二十五条　知识产权的概念

1. 知识产权是指与知识活动成果有关的个人财产权和非财产权，民事活动参加者的产品、工作或服务的个性化标识，以及其他相似的客体。

对于个别知识产权客体的财产权和人身权的内容、产生根据、实施和终止程序由本法典和其他法律规定。

2. 本法典规定知识产权客体的基本类型，并确定了与之相关的财产和人身关系调整的一般原则。

3. 本法典的规则，特别是关于债和合同的规定适用于知识产权关系，法律另有规定和并不源于所调整关系的实质除外。

第一千一百二十六条　知识产权的客体

（1）创造性智力活动成果：

科学、艺术和文学作品，包括计算机程序和数据库；

表演、录音制品、广播电视节目；

发明、实用新型、外观设计；

动植物品种；

集成电路布图设计；

构成职务或者商业秘密的信息。

（2）民事活动参加者、商品、工作或者服务的个性化标识：

商号；

商品商标和服务商标；

产地说明。

（3）根据法律和塔吉克斯坦共和国承认的国际法律文件保护的其他智力活动成果和与其等同的个性化标识。

第一千一百二十七条　知识产权的产生

知识产权相关客体的产生是由于它们的创造或使用行为、国家注册以及根据法律或者塔吉克斯坦共和国承认的国际法律文件规定的其他事由。

第一千一百二十八条　知识产权的内容

1. 知识产权所有人对智力活动成果或个性化标识拥有专有权，这些专有权受到法律保护。

2. 智力活动成果或个性化标识专有权包括人身权和财产权，专有权适用于知识产权具体客体的规定根据本法典的内容确定。

3. 知识产权持有人的权利可能受到法律限制。此类限制不应损害知识产权客体的正常使用和侵犯作者的人身权。

第一千一百二十九条 知识产权和物质载体所有权

1. 知识产权独立于体现知识产权客体物质载体的所有权或者其他物权。

2. 智力活动成果或个性化标识的物质载体所有权的转移，其本身并不意味着对该物质载体所承载的相应知识产权客体的任何使用权的转移或授予，但法律另有规定的除外。

3. 权利人或任何其他人对承载知识产权客体的有形载体行使权利，不应侵犯对该知识产权拥有的财产权和人身权和受法律保护的利益。

第一千一百三十条 人身权

1. 著作身份权、署名权等知识产权的人身权，依照本法典等法律规定行使和保护。

2. 知识产权和相关法律规定的人身权独立于财产权，不得转让给其他人并且永久受保护。

3. 智力活动成果的创造者对其人身权利的全部或部分放弃是无效的。

4. 在法律规定的情形下，知识产权的个别人身权可以被承认为法人所有。

第一千一百三十一条 知识产权的财产权

1. 知识产权权利人有权自行决定以任何方式和任何形式行使、授权和禁止使用相应的知识产权客体，除非本法典或其他法律另有规定。

2. 知识产权客体的财产权可以由一人或多人共同拥有。在法律规定的情况下，同一知识产权客体的财产权可以由不同的人单独行使。

3. 多人共同拥有的知识产权客体其相互关系由他们之间的协议决定。在没有协议的情况下，行使知识产权的争议由法院判决。

第一千一百三十二条 财产权有效期

1. 对某些类型的知识产权客体的财产权有效期、计算程序、延长或恢复的事由和程序，以及提前终止该权利的事由和程序依据法律规定。

2. 财产权有效期届满以及在相应知识产权客体权利效力提前终止的情形下，进入公有领域。

3. 除非法律另有规定且不侵犯他人的权利和受法律保护的利益，权利人可以决定提前终止其有效性并将相应的知识产权客体进入公有领域。

第一千一百三十三条　财产权转让

1. 知识产权客体财产权可以按照合同或根据法律转让给他人。

2. 涉及知识产权客体转让的合同，应当采取书面形式或者其他法定形式。

3. 损害知识产权拥有人地位的合同条款无效。

4. 法律可以规定与知识产权客体财产权转让有关的某些种类的合同的国家登记，以及与该客体财产权转让有关的其他情况。

第一千一百三十四条　知识产权的职务客体

1. 如果法律没有另外规定或者雇员与雇主之间的合同没有规定，由于履行职责或者完成雇主的任务（知识产权职务客体），雇员创造的知识产权客体财产权属于雇主。

2. 知识产权的职务客体的人身权和报酬权属于创造知识产权职务客体的雇员，报酬的数额、支付条件和程序由雇主和雇员之间的合同确定，法律另有规定的除外。

3. 在法律规定的情况下，本条第一款规定的权利可以转让给创造知识产权职务客体的雇员。

第一千一百三十五条　在完成国家合同（订单）时创造的知识产权客体的权利

1. 为了国家需要按照国家合同（订单）创造的知识产权客体财产权属于塔吉克斯坦共和国，国家合同（订单）另有规定的除外。

2. 根据本条第一款规定，依照国家合同（订单）创造的知识产权客体的财产权不属于塔吉克斯坦共和国的，应国家要求，权利拥有人有义务为国家需要免费授予使用此类知识产权客体的权利。

3. 在本条规定的情况下，创造性活动成果的创造者（作者）不是该成果的财产权持有人的，其拥有该成果的人身权和要求该成果财产权持有人支付报酬的权利。支付报酬的金额、条件和程序由创造者（作者）与财产权持有人之间的合同确定，法律另有规定的除外。

第一千一百三十六条 知识产权的行使

1. 知识产权由这些权利的所有者自行决定行使。在法律规定的情况下，知识产权权利人有义务使用相应的知识产权客体作为行使这些权利有效的条件。

2. 在行使知识产权时，不应当侵犯其他知识产权客体持有者的权利。

3. 知识产权客体财产权可以单独或者集体实施。

财产权集体管理的基本要求由法律规定。

第一千一百三十七条 知识产权的保护

1. 知识产权保护应以本法典规定的方式进行，同时考虑到被侵犯权利的本质和侵犯这些权利的后果。

2. 本法典规定的保护方式，按照权利持有人、财产权集体管理组织以及塔吉克斯坦共和国法律规定的其他人的要求适用。

3. 侵权人没有过错并不免除其停止侵犯知识产权的责任，并对侵权人采取旨在保护该权利的措施。关于正在实施的侵权行为和制止侵权或制造侵权危险行为的法院判决的公布独立于过错和侵权人的代价。

第一千一百三十七条之一 知识产权保护方法

1. 在侵犯作者人身权的情况下，通过确认权利、恢复原状、制止侵权或制造侵权危险的行为、赔偿精神损害和发布侵权行为的法院判决等方式对其进行保护。

2. 保护作者的荣誉、尊严和商业声誉应符合本法典第一百七十四条的规则。

3. 在塔吉克斯坦共和国法律规定的情况下，其他人也可以适用人身权保护方法。

4. 作者财产权适用下列方法保护：

确权；

制止侵权或者制造侵权危险的行为；

赔偿损失；

没收用于实施侵权的材料和设备，以及由于侵权制造的物质客体；

发布实施侵权的法院判决；

塔吉克斯坦共和国法律规定的其他方法。

5. 权利人可以要求侵犯指定权利的行为人支付金钱，以换取对所造成的损害的赔偿。赔偿额由法院根据违法行为的性质和其他情况确定。

6. 如果生产、销售、进口、运输、寄送体现智力活动成果的物质载体导致侵犯知识产权，则这样的物质载体应被视为伪造，法院可以判决停止流通并销毁，除非塔吉克斯坦共和国法律另有规定。

7. 根据法院的判决，主要用于或打算用于侵犯专有权的设备、其他装置和材料应停止流通，并由违法者负责销毁，除非塔吉克斯坦共和国法律规定将其归国家所有。

8. 为了在侵犯专有权的案件中保全证据，可以直接对侵犯知识产权的物质载体、设备、其他装置和材料采取塔吉克斯坦共和国程序法规定的保全措施，包括扣押这些客体。

第五部分　《吉尔吉斯共和国民法典》知识产权编

《吉尔吉斯共和国民法典》分为两个部分，共7编，1208条。第一部分于1996年3月8日颁布（№ 16），2016年7月23日修改，包括3编：第一编总则；第二编所有权和其他物权；第三编债法（总则）。第二部分于1998年1月5日颁布，2007年7月31日修改，包括4编：第四编债的种类；第五编知识产权；第六编继承权；第七编国际私法。其中，第五编知识产权有7章，共计81条。第五编包括第五十三章一般规定；第五十四章著作权；第五十五章邻接权；第五十六章工业产权（发明、实用新型、外观设计权）；第五十七章动植物新品种权；第五十八章保护未披露信息免受非法使用；第五十九章民事活动参加者、商品、工作和服务的个性化标识。该文本根据2007年7月31日修改的内容编译而成。

目　录

第五编　知 识 产 权

第五十三章　一 般 规 定

第一千零三十七条　知识产权的客体

属于知识产权客体的有：

（1）智力活动成果：

科学、文学和艺术作品；

表演、录音制品和广播组织节目；

计算机软件和数据库；

集成电路布图设计；

发明、实用新型、外观设计；

育种成果；

未披露信息（商业秘密），包括生产秘密。

（2）民事活动参加者、商品、工作和服务的个性化标识：

商号；

商品商标（服务商标）；

商品原产地名称。

（3）在本法典或者其他法律规定的情况下，其他智力活动成果和民事交易主体、商品、工作和服务的个性化标识。

第一千零三十八条　知识产权客体的法律保护

知识产权客体的法律保护由于其创造事实而产生或者按照本法典以及其他法律规定的程序由授权的国家机关赋予法律保护。

第一千零三十九条 知识产权客体的人身权和财产权

1. 人身权和财产权属于智力活动成果的作者。属于作者的人身权独立于其财产权，在其智力活动成果财产权转让给他人的情况下仍被作者保留。

2. 民事活动的参加者、商品或服务的个性化标识的权利持有人对这些财产拥有所有权。

3. 著作身份权（权利属于智力活动成果的作者）是人身权，只属于用创造性劳动创造智力活动成果的人。

4. 如果成果是两个或两个以上的人共同创造，他们被视为共同作者。

第一千零四十条 知识产权客体的专有权

1. 知识产权权利人对智力活动成果或个性化标识享有以任何形式、任何方式自行决定合法使用该知识产权客体的专有权利。

他人使用其权利人拥有专有权的知识产权客体，必须经权利人同意后方可使用。

2. 知识产权客体专有权持有者有权全部或者部分转让该权利给他人，许可他人使用知识产权客体和有权以不与本法典和其他法律的规则相抵触的其他方式处分该客体。

3. 限制专有权，包括允许他人使用知识产权客体，在本法典和其他法律规定的情况、范围和程序中，承认这些权利无效并终止（撤销）。对专有权的限制是允许的，条件是这种限制不妨碍知识产权客体的正常使用也不损害权利人的合法利益。

第一千零四十一条 专有权转让给他人

1. 除非本法典或其他法律另有规定，属于知识产权客体专有权持有人的财产权可以由权利持有人根据合同全部或部分转让给另一人，也可以在法人——权利持有人重组时按照遗产和继承程序移转。

2. 专有权按照合同转让或者按照概括继承转让不导致作者权和其他人身权的转让或者限制。有关该权利的转让或者限制的合同条件无效。

按照合同转让的专有权应该在合同中确定，合同中没有规定的，视为未转让。

许可合同规则适用于在合同有效期内给予他人有限时间的排他性权利的合同。

第一千零四十二条　许可合同

1. 按照许可合同，拥有智力创造活动成果或者个性化标识（许可人）的一方当事人可以授权另一方当事人（被许可人）使用相关知识产权客体。

许可合同被认为是有偿的。

2. 许可合同可以规定授予被许可人：

知识产权客体使用权，许可人保留其使用权和给他人颁发许可证的权利——（普通许可）；

知识产权客体使用权，许可人保留部分使用权，未转让给被许可人（排他性许可）；

法律允许的其他许可种类。

如果许可合同中没有另外规定，许可被认为是非专有的。

3. 被许可人授予他人知识产权客体使用权的合同被认为是再许可合同。被许可人在许可合同有规定的情况下有权签订再许可合同。

如果许可合同没有另外规定，被许可人向许可人承担被再许可人行为的责任。

第一千零四十三条　智力活动成果的创造和使用合同

1. 作者可以根据创造和使用智力活动成果的合同承担在未来创造作品、发明或其他智力活动成果，并授权非其工作人员的客户使用该成果的专有权。

本条规定的合同应当确定可能创造的智力活动成果的特点，以及其使用目的或者方式。

2. 要求作者授予任何人使用作者未来创造的任何智力成果专有权的合同无效。

第一千零四十四条　专有权和所有权

智力活动成果或者个性化标识专有权独立于其上体现该成果或者个性化

标识的物质客体的所有权。

第一千零四十五条 知识产权客体专有权有效期

1. 知识产权客体专有权在本法典或者其他法律规定的期间内有效。

2. 知识产权客体的人身权永久有效。

3. 在法律规定的情况下，知识产权客体专有权的效力可能因一段时间内未使用而终止。

第一千零四十六条 知识产权客体专有权保护方式

1. 知识产权客体专有权保护以本法典第十一条规定的方式实施。专有权保护实施还可以通过以下方式进行：

没收侵犯专有权利的物质客体和因违法行为创造的物质客体；

要求公布侵权行为包括被侵犯的权利属于谁的信息；

法律规定的其他方式。

2. 在违反智力活动成果和个性化标识创造和使用合同时，适用违反义务责任的一般规则。

第五十四章 著 作 权

第一千零四十七条 受著作权保护的作品（著作权客体）

1. 著作权及于创作活动产生的科学、文学和艺术作品，不论其用途和品质，以及其表现形式。

2. 作品必须以口头、书面或其他能够被感知的客观形式表达。

作品以书面或其他方式标记在有形载体（手稿、打字稿、乐谱、借助技术手段的记录，包括音频或录像资料形式，定影在平面或立体空间的形式等）被认为具有客观形式，无论第三方是否感知到。

口头或其他未在物质载体上表达的作品如果可供第三方感知（公开演讲、公开表演等），则被视为具有客观形式。

3. 著作权适用于已发表和未发表的作品。

4. 著作权不适用于思想、程序、方法、概念、定律、体系、解决方案、发现的客观存在的现象。

5. 对于著作权的产生，不要求作品登记或遵守任何其他官方形式。

第一千零四十八条　著作权客体的种类

著作权的客体包括：

文学作品（文学、艺术、科学、教育、宣传等）；

戏剧和剧本；

歌曲或纯音乐；

音乐剧和戏剧作品；

舞蹈作品和哑剧；

视听作品（电影、电视和录像片、幻灯片和其他电影、电视和录像产品）；

绘画、雕塑、图形、设计和其他美术作品；

装饰、舞台艺术作品；

建筑、城市规划和景观园艺作品；

摄影作品和以类似于摄影的方式获得的作品；

地图、地质图和属于地理学、地形学和其他科学的其他地图、规划图、草图和造型作品；

各种电子计算机（电脑）的程序，包括应用程序和操作系统；

符合本法典第一千零四十七条规定要求的其他作品。

第一千零四十九条　作品的部分、派生作品和汇编作品

1. 著作权的客体是符合本法典第一千零四十七条规定要求的作品的一部分，其名称和派生作品。

派生作品是对作品再加工而产生的其他作品（翻译、改编、注释、摘要、概述、评论、改编的戏曲、改编的乐曲和其他类似的科学、文学、艺术作品）。

汇编作品是对作品汇编（百科全书、文选、数据库）以及体现收集和整理资料的创造性劳动成果的作品。

2. 派生作品和汇编作品受著作权保护，不论其所依据的作品或其所包含的作品是不是著作权的客体。

第一千零五十条 不能成为著作权客体的作品和类似作品的其他活动成果

不能成为著作权的客体：

官方文件（法律、决议、决定等）及其官方译本；

官方符号和标志（国旗、国徽、国歌、勋章、货币标志等）；

民间艺术作品；

每日新闻或具有常规新闻信息性质的时事报道。

第一千零五十一条 官方文件、符号和标志方案的权利

1. 官方文件、符号或标志方案的著作权属于创作作品的人。官方文件、符号和标志的创作人员有权发布此类作品，除非作品委托设计机构禁止。在发布作品时，创作人员有权要求注明自己的名字。

2. 主管机构可未经创作人员同意为编制官方文件而使用方案，如果创作人员已将该项目公布或送交有关部门。根据方案编制官方文件、符号和标志时，主管机构可酌情对其进行补充和修改。

方案一经主管机构批准，即可使用，无须注明创作人姓名。

第一千零五十二条 作品的作者，作者身份的推定

1. 作品的作者是以创造性劳动创作作品的公民。

在作品首次出版时被指定为作者的人应被视为作者，除非另有证明。

2. 作品以匿名或化名发表，在没有其他证据的情况下，作品上标明姓名或名称的出版商被视为作者的代理人；有权保护作者的权利并确保其得到实施。只要此类作品的作者未公开其身份且未声明其作者身份前，此规定即有效。

第一千零五十三条 合作作者

1. 由两个或两个以上公民共同创作的作品，其著作权属于合作作者，无论该作品是组成一个不可分割的整体还是由多个部分组成。

如果作品的一部分可以独立于该作品的其他部分使用，则该部分被认为具有独立的含义。

各合作作者有权自行决定使用其创作的具有独立意义的部分作品，除非他们之间另有约定。

2. 合作作者之间的关系通常由其自行约定。在没有约定的情况下，作品的著作权由所有作者共同行使，报酬由他们平均分配。

如果合作作者的作品是一个不可分割的整体，那么没有充分的理由，任何合作作者都无权禁止使用该作品。

第一千零五十四条　派生作品和汇编作品的作者

1. 派生作品和汇编作品的作者属于对其他作品加工的译者、汇编者以及在收集和整理资料中呈现创造性劳动成果的人。

派生作品和汇编作品的作者享有此类作品的著作权，但须尊重被用于整理、翻译或纳入汇编作品的作者的权利。

2. 派生作品和汇编作品的作者的著作权不妨碍其他人根据以前使用的作品创作其派生作品。

第一千零五十五条　组织创作作品的人的权利

1. 组织创作作品的人（百科全书出版商、电影制片人、制作人等）不被承认其作为相应作品的作者。但是，在本法典或其他法律规定的情况下，其享有使用这些作品的专有权。

2. 百科全书、百科辞典、期刊和科学作品集、报纸、杂志的出版商享有使用这些出版物的专有权。出版商有权在使用此类出版物时标明其名称或要求标明其名称。

3. 包含在该等出版物中的作品的作者保留对其作品的专有使用权，无论该出版物作为一个整体如何使用，除非作品创作合同另有规定。

4. 签订创作视听作品的协议会导致该作品的作者向视听作品制作者转让复制、推广、公开演出的专有权利，包括通过有线向公众传播、广播或其他视听作品的公开声明，以及制作字幕和配音视听作品文本的专有权，除非合同另有规定。这些权利在视听作品的著作权有效期内有效。

视听作品的制作人在任何使用其作品的过程中，有权表明其姓名或名称或要求其标明。

在视听作品公开展示的情况下，除非合同另有规定，音乐作品的作者保留其音乐作品的公开表演获得报酬的权利。

未经电影的作者和其他财产权所有者的同意，不得毁坏电影的最后版本(原著、底片)。

第一千零五十六条 著作权的保护标志

1. 著作专有权的持有人可以使用著作权保护标志宣示他的权利，该标志放置在每个作品复制件上，并由3个要素组成：

在一个圆圈内的拉丁字母“C”；

专有权持有人的姓名（名称)；

该作品的首次公布年份。

2. 除非另有证明，著作权持有人是著作权保护标志中标示的人。

第一千零五十七条 作者的人身权利

1. 作品的作者享有以下人身权：

著作权；

署名权；

发表权，包括撤销权；

作品的不可侵犯权。

2. 作者与任何人协议以及关于放弃行使人身权利的声明无效。

第一千零五十八条 作者身份权

著作身份权属于作者（合作作者)，排除其他人在此作品上的作者身份。

第一千零五十九条 署名权

作者享有以自己的姓名、化名或匿名（署名权）使用或授权使用作品的专有权利。

第一千零六十条 作品的不可侵犯权

1. 作者对自己的作品享有进行修改、补充和保护作品免受任何人在未经其同意对其修改和补充的专有权（作品的不可侵犯权）。

作品的出版、公开表演或用作其他用途，在对作品本身、作品名称和作者姓名的指定中作出的任何修改，均应经作者同意。

在出版时未经作者同意，禁止添加插图、前言、后记、注释或任何附带材料。

2. 作者去世后保护作品的完整性，由遗嘱指定的人承担，没有指定时由作者的继承人承担，以及由依照法律规定应承担著作权保护责任的人承担。

第一千零六十一条　作品发表权

1. 作者有权向不特定的人展示作品（发表权）。

2. 如果作者或经其同意，首次通过出版、公开表演、公开展示或以其他方式向不特定的人展示作品，则认为该作品被发表。

作者有权撤回先前关于作品出版的决定（撤回权），前提是有作品使用权的人因该决定所造成的损害应得到赔偿，包括利润损失。如果作品已公开，作者有义务公开其撤回通知。同时，作者有权禁止先前的作品副本流通。对于职务作品，本条款的规定不适用。

第一千零六十二条　作者的财产权

1. 作者对其作品享有以任何形式和方式使用作品的专有权利。

2. 下列被认为是使用作品：

（1）复制作品；

（2）传播作品的复制件；

（3）为传播目的进口作品的复制件，包括经著作权专有权持有者许可的复制件；

（4）公开展示作品；

（5）公开表演作品；

（6）通过广播或有线电视向公众传播作品；

（7）通过电缆、电线或其他类似方式向公众传播作品；

（8）翻译作品；

（9）作品的再加工（修改、改编或其他再加工）；

（10）将作品让任何人可以在任何地点、任何时间以自由选择的方式获取到；

（11）设计、建筑、城市规划和景观园艺项目的实际实施。被接受的建筑项目的作者有权要求客户授予参与其项目实施的权利，以制定建筑项目文件和建造建筑物或结构，除非另有规定。

重复再现作品的客观形式是复制，尽管其是以原件为基础（出版作品、数次录音或录像等）。

作品的发行被视为销售、交换、出租或与作品副本有关的其他交易。

3. 如果作品的复制件被合法地转让，则复制件的进一步传播无须征得作者同意也无须支付报酬，除非法律另有规定。

4. 无论使用作品是否为了获得收入，都认为使用了作品。

5. 构成作品内容的原理（发明、其他技术、经济、组织和类似解决方案）的实际应用并不构成对著作权意义上的作品的使用。

第一千零六十三条　作品使用权的处分

1. 作者或其他权利人可以根据协议，包括通过公开拍卖达成的协议，将作品的使用权转让给他人（使用权的转让）。

2. 作品的使用权按照普通继承的顺序转移。

3. 权利人可以在一定范围内向他人发放使用该作品的许可证（许可证）。使用该作品需要许可，无论是原始版本还是修订版本，特别是翻译、改编等形式。

4. 使用作品的每种方式都需要权利人的特别许可。

第一千零六十四条　对著作权的限制

只有在本法典第一千零六十五条至第一千零六十八条或其他法律规定的情况下，才允许限制作者和其他人使用作品的专有权利。

这些限制的适用，对作品的正常使用不会造成不必要的损失，也不会损害作品作者的合法权益。

第一千零六十五条　为个人目的复制他人的作品

1. 为个人目的，没有征得作者同意，也未向其支付使用费，可以在不妨碍作品的正常使用，也不损害作者的合法权益的情况下使用别人已经发表的作品。

2. 本条第一款的规定不适用于：

复制以建筑物或者类似构筑物为形式的建筑作品；

复制数据库或者其实质性部分；

复制计算机软件，但法律另有规定的除外；

书（全部）和乐谱的翻印；

任何未经授权对作品全部内容的复制；

任何其他可能损害作品正常使用并不合理地损害作者的合法利益的复制品。

3. 作为本条第一款的例外，法律可以规定在个人使用视听作品或录音制品的情况下，相应录音的作者、表演者和制作者有权获得相应的报酬。

复制使用而支付的费用由设备（音频设备、VCR 等）和材料载体［音频和（或）录像带、磁带、激光盘、CD 等］的制造商或进口商以提成（利息）的形式支付。

第一千零六十六条　免费公开表演作品

允许在官方、宗教和葬礼仪式期间公开表演合法发表的音乐作品，只要这种仪式的性质有正当理由，无须作者同意，也无须支付相应费用。

第一千零六十七条　为司法目的免费复制作品

允许未经作者同意且无须支付报酬，在符合目的范围内为司法和行政诉讼目的复制作品。

第一千零六十八条　职务作品的权利

1. 执行职务（职务作品）时创作的作品的人身权属于作品的作者。

2. 除非与作者之间的合同另有规定，否则，在任务目的及其相应的范围内使用职务作品的权利属于与作者建立劳动关系的人（雇主）。雇主有权将此使用权转让给他人。

雇主与作者的协议可以规定向作者支付在服务中使用作品的报酬，并包含其他使用条件。

3. 自提交作品之日起十年后，经雇主同意，作者获得使用作品的全部权利并收取报酬，不受与雇主签订的合同的限制。

4. 作者以非受让目的方式使用职务作品的权利不受限制。

5. 本条规定不适用于用人单位为履行公务或工作任务而制作的百科全书、百科辞典、期刊。

第一千零六十九条　吉尔吉斯共和国境内著作权的效力

1. 在吉尔吉斯共和国境内发表或虽未发表，但原件在其领土上以任何形式客观存在的，作者及其继承人以及作者的其他权利承继人均享有著作权，不考虑其国籍。

2. 吉尔吉斯共和国公民的作品在外国境内发表或以某种客观形式存在，作者以及他们的继承人和其他权利承继人其著作权也得到承认。

3. 根据国际条约给予作者法律保护时，在外国境内发表的事实是根据有关国际条约的规定确定的。

为了保护吉尔吉斯共和国境内的作品，被承认为作品作者的人由作品首先获得保护的国家境内的法律确定。

第一千零七十条　著作权效力的起始

1. 作品的著作权自作品具有第三方可感知的客观形式之日起生效，无论是否公开。口述作品的著作权自其传达给第三方之日起有效。

2. 如果作品不属于本法典第一千零六十九条的范围，那么在吉尔吉斯共和国该作品的著作权应在作品发表之时受到保护。

第一千零七十一条　著作权的有效期

1. 作者的著作权在作者有生之年和作者去世之年的次年 1 月 1 日起五十年内有效。

2. 以合作作者身份创作的作品的著作权在合作作者有生之年和其他合作

的最后幸存的作者去世后五十年内有效。

3. 笔名或者匿名的作品的著作权有效期为首次发表之年的次年 1 月 1 日起五十年内有效。

如果在规定期限内笔名或匿名的身份被披露，则适用本条第一款规定的期限。

4. 在本条第一款规定的期限内，著作权归作者的继承人所有。在同一时期，著作权属于根据与作者及其继承人签订的协议而获得该权利的继承人。

5. 在作者死后五十年内首次发表的作品的著作权，自其发表之年的次年 1 月 1 日起五十年内有效。

6. 对作者身份、作者姓名权和作品的不可侵犯性保护没有期限。

第一千零七十二条　作品转入公有领域

1. 作品著作权期满后成为公有财产。在吉尔吉斯共和国领土上从未提供保护的作品被视为公有财产。

2. 任何人都可以免费使用属于公有财产的作品，而无须支付费用。在这种情况下，必须尊重作者身份权、姓名权和作品不受侵犯的权利。

第一千零七十三条　著作权合同

1. 作者或其继承人可通过著作权合同将其作品的使用权转让给他人。著作权合同为有偿。

2. 著作权合同可以包括完成的作品和作者承诺创作的作品（订单合同），作者或者其继承人签订的准许其他人在一定范围内使用作品的合同也是著作权合同（著作权的许可合同）。

第一千零七十四条　著作权合同的条款

1. 著作权合同应规定：

使用作品的方式（根据本协议转让的特定权利）；

权利被转移的期限和范围；

报酬的数额和（或）每种作品使用方式确定的报酬金额，以及付款方式和期限。

如果著作权合同中没有包含作品使用权转让期限的条款，则作者可以在合同签订之日起五年后终止该合同，前提是在合同终止前六个月书面通知使用人。如果著作权合同中没有关于作品使用权有效的领土的条款，则根据合同转让的权利的效力仅限于吉尔吉斯共和国领土。

2. 在合同订立时不为人知的作品使用权不能成为著作权合同的标的。

3. 作品使用的报酬金额根据当事人协议确定。

如果在著作权合同中对作品的出版或其他形式复制作品的报酬是以固定金额确定，那么合同必须规定作品的最大发行量。

根据吉尔吉斯共和国的法律，第三款已经失效。

4. 只有在合同直接规定的情况下，根据著作权合同转让的权利可以由合同的任何一方全部或部分转让给其他人。

第一千零七十五条　著作权合同的形式

著作权合同必须以书面形式订立，法律另有规定的情况除外。

第一千零七十六条　著作权合同责任

未履行或不适当履行著作权合同义务的一方有义务赔偿给另一方因此造成的损失，包括利润损失。

第一千零七十七条　著作权许可合同的有效期

1. 著作权许可合同在其确定的期限内有效，但不得超过著作权有效期。

2. 不论著作权许可合同中是否包含期限的条款，只要自合同订立之日起十年届满后，作品的作者或者其继承人在期限届满前六个月以书面形式通知对方，就有权单方面终止该条款。这种权利是每十年由作者或其继承人提出的。

3. 合同可以规定作品的使用条款，违反该条款的，著作权人有权解除合同。

第一千零七十八条　对无合同非法使用作品的责任

1. 在未与权利人达成协议的情况下使用作品时，侵权人有义务赔偿权利人所遭受的损失，包括利润损失。

以著作权合同未规定的方式使用作品，或在此合同终止时使用，应视为未经作者同意使用作品。

2. 被法院判决没收的盗版作品，除应著作权人要求将其转让给著作权人的情况外，应当予以销毁。

第一千零七十九条　著作关系的法律调整

著作关系由本法典和其他法律法规调整。

第五十五章　邻　接　权

第一千零八十条　邻接权的客体

邻接权适用于表演（演出）、录音制品、广播电视组织节目。

第一千零八十一条　邻接权的主体

邻接权的主体是表演者、录音制品制作者、广播电视组织者。

第一千零八十二条　邻接权的保护标志

录音制品制作者和表演者可以使用邻接权的保护标志来宣示他们的权利，该标志放置在录音制品的每个复制件和（或）每个封闭的外盒上，并由三个要素组成：

圆圈中的拉丁字母“P”；

邻接权专有权人的姓名（名称）；

该记录的首次公布年份。

第一千零八十三条　表演者权

1. 表演者拥有以下权利：

（1）注明表演者姓名（姓名权）；

（2）保护表演不受任何歪曲或其他能够损害表演者荣誉和尊严的侵权方式的损害；

（3）以任何形式使用表演。

2. 使用表演的权利包括自己行使或授权以下行为：

（1）通过无线广播或有线电台向公众传播节目数据，前提是该节目传播以前没有通过无线传播或者不存在使用记录；

（2）记录以前未记录的表演；

（3）复制表演记录；

（4）通过无线或者有线方式播放表演记录，如果这个记录产生最初不是用于商业目的；

（5）出于商业目的而发行录音制品，其表演由参与表演者录制。在签订录音制品录制合同时，该权利转移给录音制品制作者；在这种情况下为表演者保留收取这种录音制品报酬的权利；

（6）任何人都可以以任何方式在任何地点和任何时间按自己授权的访问方式向公众传播表演记录。

3. 表演者在遵守被表演作品作者权利的情况下行使其权利。

4. 法律规定使用表演的权利限制。

5. 履行公共任务时（官方表演或场合）对表演的权利，适用本法典第一千零六十八条的规定。

第一千零八十四条　录音制品制作者的权利

1. 录音制品制作者对其录音制品享有以任何形式使用录音制品的专有权利。

2. 使用录音制品的专有权意味着有权实施或允许实施以下行为：

（1）复制录音制品；

（2）以任何方式更改或重新制作录音制品；

（3）发行录音制品的副本，即出售、出租；

（4）为发行目的进口录音制品的复制品，包括经本录音制品制作者许可制作的复制品；

（5）向公众传播录音制品，使任何人都可以在任何地点和其选择的任何时间（向公众传播的权利）使用录音制品。

3. 如果表演录音的复制品的所有权属于创作者以外的人，则该录音的专有使用权，包括其商业出租，应归录音创作者所有。

4. 法律规定对表演制作者权利的限制。

5. 录音制品制作者在考虑作品作者的权利和表演者的权利的情况下行使其权利。

第一千零八十五条　广播组织者权利

1. 有线广播企业有权以任何形式使用该节目和授权使用该节目的专有权，包括获得许可费的权利。

准许使用广播节目的专有权意味着有线广播公司准许实施以下行为：

（1）通过有线向公众传播节目的同时传播给其他有线广播企业；

（2）用无线电转播节目；

（3）记录节目；

（4）复制节目记录；

（5）在收费的地方向公众广播节目。

2. 对广播企业权利的限制由法律规定。

3. 广播企业在行使其权利时，应考虑到作品作者的权利和表演者的权利，并酌情考虑表演录制权持有人和其他广播企业的权利。

第一千零八十六条　有线广播组织者权利

有线广播组织者的权利是根据本法典和法律规定的广播组织者的权利确定的。

第一千零八十七条　未履行或不当履行关于利用邻接权的合同或没有合同非法使用作品的责任

没有履行或以不当方式履行关于利用邻接权的合同或没有合同非法使用作品的人，根据不履行或不当履行合同责任的一般规则或者根据造成的损害承担责任。

第五十六章　工业产权（发明、实用新型、外观设计权）

第一千零八十八条　发明、实用新型、外观设计的法律保护

1. 发明、实用新型和外观设计受所授予专利权的保护。

2. 发明、实用新型、外观设计产生专利权的条件、专利局授予专利的程序由法律规定。

第一千零八十九条　发明、实用新型、外观设计的使用权

1. 专利持有人拥有自行使用受专利保护的发明、实用新型、外观设计的专有权，包括使用受保护的解决方案生产产品的权利，在自己的生产中使用受专利保护的专利工艺，销售或许诺销售含有受保护的解决方案的产品，进口相关产品。

未经其同意，专利持有人以外的人无权使用发明、实用新型或外观设计，但这种使用按照本法典的规定或任何其他法律对专利持有人不构成侵权的除外。

2. 未经授权制造、使用、进口、许诺销售、销售，其他引入民事流转或为以上目的储存，含有已取得专利权的发明、实用新型或外观设计的产品，属于侵犯专利权人的专有权。

第一千零九十条　专利权处分

取得专利的权利、专利申请权、专利持有权和专利产生的权利可以全部或部分转让给他人。

第一千零九十一条　创造者身份权

1. 发明、实用新型、外观设计的作者对发明、实用新型、外观设计享有署名权和授予专门名称的权利。

发明、实用新型、外观设计的署名权和其他个人权利从专利权产生之时起形成。

2. 法律可以为发明、实用新型、工业设计的创造者规定具有社会性质的专门权利、利益和优势。

3. 申请书中被指定为创造者的人应视为创造者，除非另有证明。只有权利产生之前的事实和情况才能作为证据。

第一千零九十二条　发明、实用新型、外观设计的合作作者

发明、实用新型、外观设计的合作作者关系，由他们之间的协议确定。

对发明、实用新型、外观设计的非创造性协助（技术、组织、权利登记协助等）不被视为合作作者。

第一千零九十三条　职务发明、实用新型、外观设计

1. 雇员在履行工作职责或雇主的具体任务（职务发明）而创造的发明、实用新型、外观设计的专利权属于雇主，除非他们之间另有合同约定。

2. 因为职务发明、实用新型、外观设计向作者支付报酬的数额、条件和程序应由作者与雇主之间的协议确定。如果未能达成协议，则由法院作出裁判。如果无法权衡作者和雇主对创造职务发明、实用新型或外观设计的贡献，则作者享有雇主已经收到或本应收到的一半利润的权利。

第一千零九十四条　专利权转让的合同形式

专利权转让合同必须以书面形式签署，并且必须在专利局进行登记。不遵守书面形式或登记要求会导致合同无效。

第一千零九十五条　发明、实用新型、外观设计使用许可（许可证）形式

许可合同和再许可合同以书面形式签署，并在专利局进行登记。不遵守书面形式或登记要求会导致合同无效。

第一千零九十六条　专利侵权责任

根据专利权人的请求，应当停止侵权，侵权人有义务赔偿专利权人所遭受的损失。专利权人有权向侵权人追索因侵权而获得的收益来替代损害。

第五十七章　动植物新品种权

第一千零九十七条　动植物新品种权的保护

1. 动植物新品种权（育种成果）在授予专利的条件下受法律保护。

2. 获得专利权的条件和授予育种成果专利的程序由法律规定。

3. 除本章规则和法律另有规定外，本法典第一千零九十条至第一千零九十六条的规定分别适用于与动植物新品种权相关的权利和对这些权利的保护。

第一千零九十八条 动植物新品种的作者报酬权

动植物新品种的作者并非专利持有人的，有权在专利期限内从专利持有人处获得使用动植物新品种的报酬。

向动植物新品种作者支付报酬的数额和条件由使用人与作者签订的合同确定。

第一千零九十九条 专利持有人的权利

在法律规定的范围内使用动植物新品种的专有权属于专利持有人。

第一千一百条 专利持有人的义务

动植物新品种专利持有人必须在育种成果专利期限内保持适当的植物新品种或相应的动物新品种，以使在登记时做成的植物新品种或动物新品种描述中所指明的特征都被保留下来。

第五十八章 保护未披露信息免受非法使用

第一千一百零一条 保护未披露信息的权利

合法拥有技术、组织或商业信息，包括第三方未知的生产（专有技术）秘密（未披露的信息）的人员有权在符合本法典第三十四条规定的情况下，保护这些信息免受非法使用。

无论这些信息是否已办理相关手续（注册、获得证书等），都应获得免受非法使用的保护。

未披露信息的保护规则不适用于根据法律不能构成官方或商业机密的信息（关于法人、财产权和与其交易的信息，须经国家登记以国家统计报告形式提交的信息等）。

保护未披露信息的权利在本法典第三十四条规定的条件下有效。

第一千一百零二条 非法使用未披露信息的责任

1. 接收或传播未披露信息或没有合法理由使用未披露信息的人有义务向合法拥有该信息的人赔偿因其非法使用造成的损失。

如果非法使用未披露信息的人从无权传播信息的人那里获得信息，信息获取者不知道也不应该知道这一情况（以下简称善意购买者），在善意购买者知道其为非法使用之后，未披露信息的合法所有者有权要求其赔偿因非法使用未披露信息而造成的损失。

2. 合法持有未披露信息的人有权要求非法使用该信息的人立即停止使用该信息。然而，法院考虑到善意购买者用于未公开的信息的资金，可准许其在赔偿专有使用权许可费用的情况下继续使用。

3. 独立且合法地获得构成未披露信息内容的信息人有权使用独立于相关未披露信息持有人权利的这些信息，并对该信息之前的使用不负责。

第一千一百零三条　保护未披露信息免受非法使用的权利转让

拥有未披露信息的人可以根据许可合同将构成该信息内容的全部或部分信息转让给他人。

被许可人有义务采取适当措施保护根据合同获得的信息的机密性，并且有权保护其免受第三方和许可人的非法使用。除非合同另有约定，否则即使在许可协议终止后，如果相关信息仍然是未公开的信息，维护信息机密性的义务仍在于被许可人。

第一千一百零三条之一　商业名称

1. 商业名称——法人的全称，法人以全称从事自己的活动，并将其与其他法人区别开来。

2. 法人在民事营业活动中，以自己在设立文件中规定并且在国家登记时载入统一法人、分支机构（代表处）国家登记簿的商业名称进行活动。

3. 法人的名称应当指明其法律组织形式和法人本身名称，法人名称不能只由表示活动类型的词语构成。

4. 法人必须拥有一个完整的商业名称，并有权使用一个缩写名称。

法人名称在吉尔吉斯共和国国家语言和官方语言中分别只包含吉尔吉斯共和国语和俄语字母，在英语中只包含拉丁字母。

5. 法人名称不能包括：

（1）与已注册（重新注册）的法人、分公司（代表处）相类似的全名或简称；

（2）基于性别、种族、语言、残疾、民族、宗教、年龄、政治、教育、出身、财产或其他地位的歧视要素以及不恰当和不雅的词语。

6. 国有企业的商业名称可以包含其属于吉尔吉斯共和国的属性元素。

吉尔吉斯共和国的正式全称或简称以及该名称的衍生词可以纳入法人的名称，“国家”和“玛纳斯”这两个词都可以按照吉尔吉斯共和国政府的规定使用。

第五十九章 民事活动参加者、商品、工作和服务的个性化标识

（一）商号

第一千一百零四条 商号的专有权

1. 法人有权以任何不违背法律的方式（商号专有权）使用其商号作为个性化标识，包括在招牌、表格、账簿、货物或其包装，以及互联网上使用。

2. 不允许处分商号专有权（包括转让或者向他人提供企业名称使用权）。

3. 不允许法人使用与其他更早登记于国家统一登记簿中的法人和分支机构（代表处）类似的商号。

4. 法人不得使用与原国家统一法人、分支机构（代表处）登记簿中的其他法人名称相似的法人名称。

第一千一百零五条 在商标或服务标记中使用法人实体的商号

权利人可以在属于其商标和服务标记中使用商号或其个别元素。

被纳入商标或服务标记的商号独立于商标或服务标记而受到保护。

第一千一百零六条 商号的专有权效力

1. 在吉尔吉斯共和国境内，商号被列入统一的国家法人实体、分支机构（代表处）登记册。

2. 商号的专有权自法人注册之日起生效，并因法人活动终止或商号变更而终止。

第一千一百零七条　失效

（二）商标（服务标记）

第一千一百零八条　商标的法律保护

1. 商标（服务标记）的法律保护是以其注册为基础。

2. 商标权由证书认证。

第一千一百零九条　商标使用权

1. 商标权人对属于其的商标享有专有的使用权和处分权。

2. 以法律规定的任何方式进入流通被视为商标的使用。

第一千一百一十条　不使用商标的后果

1. 商标注册后连续三年未使用的，法院可以根据任何人的请求作出判决，对全部或部分商品提前终止商标注册。

在决定因未使用商标而提前终止商标注册时，可以考虑商标持有人提供的证据，该证据需证明该商标因其无法控制的情况而未被使用，包括为了满足商标注册国家对商品的限制规定。

2. 颁发商标使用许可证被视为商标使用。

第一千一百一十一条　商标权的转让

1. 对于证书中所列商品、工作和服务所有类别或其一部分的商标权可由权利持有人根据合同转让给他人。

如果商标权转让会造成社会对产品或其制造商的误导，则不允许转让商标权。

2. 商标权的转让，包括根据合同或继承程序进行的转让，应当在专利局进行登记。

第一千一百一十二条　商标权转让合同的形式

转让商标权或授予许可证的合同必须以书面形式签订并在专利局登记。

不遵守书面形式和登记要求会导致合同无效。

第一千一百一十三条　侵犯商标权的责任

非法使用商标的人必须停止侵权行为，并赔偿商标持有人所遭受的损失。

非法使用商标的人有义务销毁制造的商标图案，将非法使用的商标或与其相似以致混淆的标记从商品或包装中移除。

如果不能遵守本条第二款规定的要求，则相应的货物将会被销毁。

除了要求停止侵权或获得损害赔偿之外，商标持有人有权要求法院公布裁判以恢复商业声誉。

（三）商品原产地名称

第一千一百一十四条　商品原产地名称的法律保护

1. 商品原产地名称因注册而受法律保护。

2. 商品的原产地名称是指用于指定商品的国家、地区、地貌或其他地理对象的名称，其特殊性质完全或主要由该地理对象的自然条件、其他特征，或这些因素的组合所确定。

商品的原产地名称可以是地理对象的历史名称。

3. 根据本处规定，代表或者包含地理对象名称的标志不视为商品原产地的名称，也不为法律保护的目的进行登记，但可以在吉尔吉斯共和国作为与生产地无关的特定种类商品名称普遍使用。但这并不妨碍因恶意使用该名称权利而被侵犯的人以法律规定的其他方式获得保护。

4. 商品原产地名称的注册由专利局进行。

5. 在登记的基础上，颁发原产地名称使用权证书。

6. 注册、颁发证书、无效和终止登记及证明的程序与条件由法律规定。

第一千一百一十五条　使用商品原产地名称的权利

1. 商品原产地名称使用权人有权将这个名称登载在货物、包装、广告、招股说明书和账簿上，或由于该商品进入民事流转以其他方式使用。

2. 满足本法典第一千一百一十四条第一款和第二款规定的商品原产地名称可由多人共同和独立注册在指定商品上。使用商品原产地名称的权利属于这些人中的每一个人。

3. 不允许出让商品原产地名称使用权，根据许可证可授予他人使用权来进行其他特许交易。

第一千一百一十六条 商品原产地名称的法律保护范围

1. 在吉尔吉斯共和国，对位于吉尔吉斯共和国境内的商品原产地名称提供法律保护。

2. 如果名称在商品原产国注册，以及吉尔吉斯共和国专利部门根据本法典办理了名称登记，则在吉尔吉斯共和国同样也对位于另一国的商品原产地名称提供法律保护。

第一千一百一十七条 非法使用商品原产地名称的责任

1. 商品原产地名称使用权人，以及消费者权益保护组织可以要求非法使用者停止使用，并将非法使用的商品原产地名称或与之相似达到混淆程度的标志，从侵权商品、包装、货签和类似的标签上除去，将制造的名称图纸或与之相似达到混淆程度的标志销毁。如果以上方式不可能实现，则扣押和销毁商品和（或）包装。

2. 商品原产地名称使用权人有权要求侵权人对相应损失承担赔偿责任。

3. 除要求停止侵权行为或要求赔偿所造成的损害外，商品原产地名称使用权人有权要求法院公布裁决以恢复商业声誉。

第六部分　《白俄罗斯共和国民法典》知识产权编

《白俄罗斯共和国民法典》于1998年10月1日通过，于2016年1月5日修改，共有8编，共计1153条：第一编总则；第二编所有权和其他物权；第三编债权总则；第四编债的种类；第五编知识产权；第六编继承权；第七编国际私法；第八编最后条款。其中，第五编知识产权共有9章，共计52条，包括：第六十章一般规定；第六十一章著作权和邻接权；第六十二章工业产权的一般规定；第六十三章发明、实用新型和外观设计权；第六十四章动植物新品种权；第六十五章集成电路布图设计权；第六十六章保护生产秘密（技术诀窍）免于非法使用权；第六十七章民事活动参加者、商品、工作和服务的个性化标识；第六十八章不正当竞争。该文本根据2016年1月5日修改的内容编译而成。

目　录

第五编 知识产权

第六十章 一般规定

第九百七十九条 知识产权法律

知识产权法律由本法典和其他法律文件组成。

第九百八十条 知识产权客体

属于知识产权客体的有：

1. 智力活动成果：

科学、文学和艺术作品；

表演、录音制品和广播组织节目；

发明、实用新型和外观设计；

动植物新品种；

集成电路布图设计；

生产秘密（专有技术）。

2. 民事活动参加者、商品、工作或者服务的个性化标识：

商业名称；

商品商标和服务商标；

地理标志。

3. 在本法典和其他法律文件规定的情况下，其他智力活动成果和民事活动参加者、商品、工作或服务的个性化标识。

第九百八十一条　知识产权客体权利产生的基础

知识产权客体基于其创造事实或者根据本法典和其他法律文件规定的程序由国家机关提供法律保护。

生产秘密（专有技术）法律保护的条件由本法典和其他法律文件规定。

第九百八十二条　知识产权客体人身权和财产权

1. 智力活动成果的人身权和财产权属于智力活动成果的作者。

独立于财产权的人身权属于作者，在智力活动成果财产权转让给他人的情况下人身权仍然由作者享有。

2. 对于个性化标识的财产权属于民事活动的参加者、商品、工作或者服务个性化标识权利的持有人。

3. 作者身份权（属于智力活动成果作者的权利）是人身权，且只属于以创造性劳动创造智力活动成果的人。

两个或者两个以上的人共同创造成果的，他们被认为是合作作者。对于知识产权单独客体，法律可以限制属于整个作品合作作者的人的范围。

第九百八十三条　知识产权客体的专有权

1. 智力活动成果［生产秘密（专有技术）除外］或个性化标识的权利持有者享有以任何形式和自行决定合法使用该知识产权客体的专有权。

其他人使用权利人拥有专有权的知识产权客体，必须经过权利人的同意。

2. 知识产权客体专有权持有人有权将这个权利全部或者部分转让给他人，可以许可他人使用知识产权客体和以不与本法典和其他法律文件的规定相抵触的其他方式进行处分。

3. 在本法典或其他法律规定的情况、范围和程序下，允许限制专有权，包括允许他人使用知识产权客体，承认这些权利无效并终止这些权利（撤销）。对专有权限制的条件是这种限制不得损害知识产权客体的正常使用，也不得不合理地侵害权利人的合法利益。

第九百八十四条　专有权移转

1. 如果本法典和其他法律没有另外规定，知识产权客体财产权属于专有权持有人，权利人可以按照合同将财产权全部或者部分移转他人，以及根据继承和法人（权利人）改组时权利继受程序移转。

财产权按照合同移转，或者按照概括继承程序移转，署名权和其他人身权不发生移转或者受限制。移转或者限制该类权利的合同条款无效。

2. 按照合同移转的专有权应当在合同中指明。没有在合同中指明被转让的权利推定为没有移转，但有相反证据证明的除外。

3. 如果法律没有另外规定，许可合同规则（本法典第九百八十五条）适用于在专有权有效期内的限定时间内向他人提供专有权的合同。

专有权转让合同规则（本法典第九百八十四条之一）适用于专有权有效期内完全转让给他人的合同。

第九百八十四条之一　排他性转让合同

1. 专有权转让协议，是指一方（权利人）将其对智力活动成果或民事活动参加者的个性化标识、商品、工作或服务的专有权全部转让给另一方的协议。

2. 专有权转让协议必须载有关于报酬数额或确定程序的条件，或者直接表明本协议的无偿性。

3. 专有权转让合同以书面形式签订，在法律文件规定的情况下应当登记。违反书面形式或者登记要求的，将导致合同无效。

4. 如果合同没有另外规定，智力活动成果或者民事交易主体、商品、工作或者服务的个性化标识专有权从专有权转让合同签订时，由权利人转让给另一方当事人。智力活动成果或者民事交易主体、商品、工作或者服务的个性化标识专有权按照专有权转让合同，且根据法律文件应当登记的，自该合同登记时从权利人处转让给另一方当事人。

第九百八十五条　许可合同

1. 按照许可合同，拥有使用知识产权客体专有权的当事人（许可人），许可另一方当事人（被许可人）使用相应知识产权客体。

如果法律文件没有另外规定，商业组织之间不允许无偿提供使用知识产权客体的权利。

在法律有规定的情况下，许可合同和许可合同变更应依照其程序在专利机关登记。

2. 许可合同可规定向被许可人提供：

（1）知识产权客体使用权，同时保留给许可人自己的使用权和向他人颁发许可的权利（普通的、非独占性许可）；

（2）知识产权客体使用权，同时保留给许可人自己的使用权但无权给他人颁发许可（排他性许可）；

（3）法律文件允许的其他形式的许可。

如果在许可合同中没有另外规定，许可被认为是普通许可（非独占性许可）。

3. 被许可人在许可合同规定的范围内赋予他人知识产权客体使用权的合同，被认为是再许可合同。在许可合同有规定的情形下，被许可人有权签订再许可合同。如果许可合同没有另外规定，被许可人向许可人承担被再许可人行为的责任。

第九百八十六条　智力成果创作和使用合同

1. 作者可以根据合同承担在未来创作作品、发明或其他智力活动成果的义务，并向非其雇主的客户提供使用该成果的专有权。

2. 本条第一款规定的合同必须确定所创造的智力活动成果的性质，以及其使用目的或方法。

3. 请求作者授予某人使用作者未来创造的任何智力成果的专有权的合同无效。

4. 限制作者在将来创作特定种类或者特定领域的智力活动成果的合同条款无效。

第九百八十七条　专有权和所有权

智力活动成果或者个性化标识专有权独立于体现该成果或者个性化标识的物质客体所有权。

第九百八十八条　专有权的期限

1. 知识产权客体专有权在本法典或者其他法律规定的期限内有效。

法律可以规定该期限延长的可能。

2. 知识产权客体的人身权保护无期限。

3. 在法律规定的情况下，专有权的效力可以因一定期限内不使用而终止。

第九百八十九条　专有权保护方法

1. 专有权保护以本法典第十一条规定的方法及以下方法实施：

（1）没收侵犯专有权的物质客体和因侵权创造的物质客体；

（2）强制发布侵权情况，其中包括被侵犯的权利属于谁的信息；

（3）法律规定的其他方法。

2. 在违反智力创造活动成果和个性化标识使用合同时适用违反义务的一般规则（本法典第二十五章）。

第六十一章　著作权和邻接权

第九百九十条　调整对象

本法典以及根据本法典通过的著作权法、邻接权法和其他法律文件调整因创作和使用科学、文学、艺术作品（著作权），表演、录音制品、无线或有线广播组织节目（邻接权）产生的关系。

第九百九十一条　著作权的效力范围

1. 根据本法典和其他法律文件的规定，著作权及于下列以任何客观形式存在的科学、文学和艺术作品：

（1）在白俄罗斯共和国境内，不论作者和他的权利继受人的国籍为何；

（2）在白俄罗斯共和国境外，且其作者和他的权利继受人为白俄罗斯共和国公民；

（3）在白俄罗斯共和国境外，且根据白俄罗斯共和国签署的国际条约承认其他国家的公民和他的权利继受人为作者。

2. 如果在白俄罗斯共和国境外首次发表之日起三十天内在白俄罗斯共和国境内发表，则该作品被视为在白俄罗斯共和国首次发表。

3. 依照白俄罗斯共和国签署的国际条约在白俄罗斯共和国境内向作品提供保护时，作品的著作权人依照作为著作权取得依据的行为或事件发生地的国家法律确定。

第九百九十二条 著作权的客体

1. 著作权及于创作活动产生的科学、文学和艺术作品成果，不论其用途和价值以及其表现方式。

2. 著作权及于以任何客观形式存在的已发表和未发表的作品：

（1）书面作品（手稿、打字稿、乐谱等）；

（2）口述作品（公开演讲、公开演出等）；

（3）录音或录像（机械的、磁带的、数码的、激光的等）；

（4）图像（绘画、素描、图片、地图、平面图、图纸、电影、电视、视频、照片等）；

（5）立体（雕塑、模型、布局、结构等）；

（6）其他形式。

3. 符合本条第一款要求且可单独使用的作品部分（包括其标题）为著作权客体。

4. 著作权不是思想、方法、程序、方式、概念、原理、发现、事实本身。

5. 作品的著作权与承载作品的物质载体的所有权无关。

物质载体所有权或物质载体占有权的转让本身并不意味着将任何著作权转让给该物质载体的所有者和占有者，著作权和邻接权立法规定的情况除外。

第九百九十三条 受著作权保护的作品

1. 著作权的客体包括：

（1）文学作品（书籍、文集、文章等）；

（2）戏剧、舞蹈和哑剧作品以及其他剧本作品；

（3）有歌词或无歌词的音乐作品；

（4）视听作品（电影、电视、录像片、电影胶片等）；

（5）雕塑、绘画、图表、石版画和其他造型艺术作品；

（6）应用艺术和设计作品；

（7）建筑、城市规划和园艺作品；

（8）摄影作品，包括通过类似拍摄的方法创作的作品；

（9）地图、地质图、属于地理学、地形学和其他科学的绘画、平面图、草图与造型图；

（10）计算机软件；

（10－1）专著、文章、报表、科学讲座、报告、论文、设计文件和其他科学作品；

（11）其他作品。

2. 计算机软件的保护适用于所有类型的可以用任何语言和任何形式表达的计算机程序（包括操作系统），包括源代码和目标代码。

3. 著作权的客体还包括：

（1）演绎作品（翻译、改编、注释、摘要、概述、评论、改编的戏曲、改编的乐曲和其他对科学、文学与艺术作品改编的作品）；

（2）汇编作品（百科全书、选集、数据库）和其他体现收集与整理材料的创造性劳动成果的作品；

演绎作品和汇编作品受著作权保护，不论其所依据的作品或其所包含的作品是否为著作权的客体。

第九百九十四条　邻接权的客体

邻接权适用于表演、录音制品、广播电视组织节目。

对于邻接权的产生和行使，不要求办理任何手续。

第九百九十五条　邻接权的效力范围

1. 依照本法典和其他著作权与邻接权的法律文件，在下列情况对其表演者的权利予以承认：

（1）表演者是白俄罗斯共和国公民；

（2）首次表演在白俄罗斯共和国境内进行；

（3）依照本条第二款将表演记录在录音制品上；

（4）依照本条第三款包含在无线或有线广播中的未记录在录音制品上的表演；

（5）在白俄罗斯共和国签署的国际条约规定的其他情况下。

2. 依照本法典和其他著作权与邻接权的法律文件，在下列情况对录音制品制作者的权利予以承认：

（1）录音制品制作者是白俄罗斯共和国公民或在白俄罗斯共和国境内有官方所在地的法人；

（2）录音制品首次在白俄罗斯共和国境内发布；

（3）在白俄罗斯共和国签署的国际条约规定的其他情况下。

3. 如果该组织在白俄罗斯共和国境内有官方所在地，并从位于白俄罗斯共和国境内的发送器进行广播，则依照本法典和其他著作权与邻接权的法律文件，对无线或有线广播组织的权利予以承认，以及在白俄罗斯共和国签署的国际条约规定的其他情况。

第六十二章　工业产权的一般规定

第九百九十六条　调整对象

本法典和依据本法典通过的法律调整与创造和使用发明、实用新型、外观设计，动植物新品种以及保护生产秘密（技术诀窍），民事活动参加者、商品、作品、服务的个性化标识（商号、商品标记和服务标记、地理标志）产生的关系。

第九百九十七条　工业产权法律

工业产权法律由本法典和其他法律文件组成。

第九百九十八条　工业产权的客体

工业产权包括：

（1）发明；

（2）实用新型；

（3）外观设计；

（4）动植物新品种；

（5）集成电路布图设计；

（6）生产秘密（技术诀窍）；

（7）商号；

（8）商品标记和服务标记；

（9）地理标志；

（10）法律规定的其他工业产权客体和民事活动参加者、商品、工作或服务的个性化标识。

第六十三章　发明、实用新型和外观设计权

第九百九十九条　发明、实用新型和外观设计权的法律保护

发明、实用新型和外观设计权受国家保护，并经专利证明。

第一千条　发明、实用新型和外观设计权的法律保护条件

1. 发明、实用新型和外观设计权在授予专利的条件下受到保护。

2. 任何技术领域的发明，涉及产品或方法，具有新颖性、创造性和工业实用性，均受法律保护。

3. 受法律保护的实用新型是属于设备的技术解决方案，具有新颖性且可在工业上应用。

4. 受法律保护的外观设计是确定外部形态的艺术或艺术设计的制造方案，具有新颖性和原创性。

5. 对发明、实用新型、外观设计提出获得专利权的要求以及专利局授予专利的程序由法律规定。

第一千零一条 发明、实用新型、外观设计的使用权

1. 专利权人拥有发明、实用新型、外观设计专有使用权。

发明、实用新型、外观设计的专有使用权包括在不侵犯他人权利的情况下自行决定使用该发明、实用新型、外观设计的权利，还包括禁止使用该发明、实用新型、外观设计的权利。授权他人使用发明、实用新型、外观设计的权利。

发明的专有使用权是一种生产产品的方法，适用于通过该方法直接获得的产品。在这种情况下，新产品被认为是通过专利方法获得的，除非另有证明。

2. 未经专利持有人许可，其他人无权使用发明、实用新型和外观设计，但依照本法典或其他法律不认为是侵犯专利持有人专有权的情况除外。

3. 未经授权制造、使用、进口、许诺销售、销售，其他引入民事流转或为以上目的储存，含有已取得专利权的发明、实用新型或外观设计的产品，属于侵犯专利权人的专有权。

第一千零二条 专利的有效期

1. 专利自向专利局申请发明、实用新型、外观设计专利之日起生效，并在符合法律规定的要求条件下有效。

（1）发明——二十年。如果从药物、农药或农用化学品发明申请专利之日起，其使用根据法律需要获得授权机构批准，到获得第一份此类许可之日已超过五年，该发明的专利期限由专利局根据专利权人的申请延长。专利有效期自申请发明专利之日起至首次获得使用该发明的药物、农药或农用化学品使用许可之日止，减去五年。同时专利的有效期不得延长五年以上。专利延长期申请应在专利有效期内提出，直至收到使用该发明的药物、农药或农用化学品的首次使用许可之日起六个月届满，或专利在专利局官方公报上公布之日起六个月届满，以较晚者为准。

（2）实用新型——五年，专利机构应专利持有人的申请可以延长此期限，但不得超过三年。在专利有效期届满之前应向专利机构提交延长实用新型专利有效期的申请书。

（3）外观设计——十年，专利机构应专利持有人的申请可延长此期限，但不得超过五年。在专利有效期届满之前应向专利机构提交延长外观设计专利有效期的申请书。

2. 发明、实用新型、外观设计的保护自向专利机关提出发明、实用新型、外观设计专利权申请之日起生效。只有在授予专利后才能进行权利保护。专利被驳回的，视为不予保护。

3. 发明、实用新型和外观设计优先权的确定程序由法律规定。

第六十四章　动植物新品种权

第一千零三条　动植物新品种权的保护条件

1. 动植物新品种权受所授予的专利保护。

植物新品种是已知最低植物分类群中的一组植物，可以通过基因型实现或基因型组合产生的特征表现程度来确定，是植物生产中的育种成果。与任何其他植物群不同的是，其至少有一个特征具有显著性，并可被视为一个整体，因为它适合该植物群的整个植物以不变的形式繁殖，植物品种是作物生产中的育种成果。

动物新品种是人类创造的具有家谱结构和特性的共同起源的完整的大型动物群，将其与同一物种的其他动物品种区分开来，并在数量上足以作为一个品种繁殖的畜牧业生产中的育种成果。

2. 获得动植物新品种专利权的要求，以及颁发此类专利的程序由法律规定。

第一千零四条　作者的动植物新品种命名权

1. 动植物新品种的作者有权确定其名称，该名称必须符合动植物新品种法律规定的要求。

2. 在生产、再生产、许诺销售、销售受保护的动植物新品种时，必须使用为其注册的名称。不得授予生产和（或）出售的种子、育种材料与注册种子不同的名称。

3. 将已注册的动植物新品种名称授予与之无关的生产和（或）出售的种子和育种材料，侵犯了专利权人和育种成果作者的权利。

第一千零五条 动植物新品种专利持有人的权利

动植物新品种专利持有人在法律规定的范围内对该成果享有专有权。

第一千零六条 动植物新品种专利的有效期

动植物新品种专利的有效期为自成果在受保护的动植物新品种国家登记簿中进行登记之日起二十年。

法律可以为某些类型的动植物新品种规定更长的专利有效期。

第六十五章 集成电路布图设计权

第一千零七条 集成电路布图设计的概念

集成电路布图设计是固定在物质载体上的集成电路元素集合及其相互关系的空间几何布局。

第一千零八条 集成电路布图设计的法律保护条件

1. 法律保护仅适用于原创性的集成电路布图设计。

原创性的集成电路布图设计是由作者的创造性活动成果所创造的。除非另有证明，否则布图设计被视为具有原创性。

2. 在集成电路设计之日，集成电路的开发者和制造商对其组件的集合是众所周知的布图设计，不受法律保护。

3. 集成电路设计者和制造商创造的已为公众所知的元件组成的布图设计，只有在这些元件的集合总体上符合本条第一款的要求时，才可获得法律保护。

第一千零九条 与集成电路布图设计的创造、保护和使用相关的关系调整

与集成电路布图设计的创造、保护和使用相关的关系由本法典和其他保护集成电路布图设计权的法律调整。

第六十六章 保护生产秘密（技术诀窍）免于非法使用权

第一千零一十条 法律保护生产秘密（技术诀窍）的条件

1. 合法掌握构成生产秘密（技术诀窍）信息的人有权保护该信息免受非法使用。

2. 构成生产秘密（技术诀窍）的信息如果符合本法典第一百四十条第二款规定的要求，则作为商业秘密予以保护。无论是否履行与此信息有关的任何手续（登记、获得证书等），都会产生保护此类信息的权利。

第一千零一十一条 非法使用生产秘密（技术诀窍）的责任

1. 合法拥有生产秘密（技术诀窍）的人有权要求非法使用的人立即停止此类使用，以及有权使用法律规定的其他保护方式。

2. 根据法律使用生产秘密（专有技术）的人是善意购买者，法院可在考虑该人使用生产秘密（专有技术）所花费的资金的情况下，允许在赔偿的条件下继续使用。

3. 独立且合法地获得构成生产秘密（技术诀窍）的信息的个人有权使用这些信息，而无须考虑相关生产秘密（技术诀窍）持有者的权利，并且不对此负责。

第一千零一十二条 生产秘密（技术诀窍）的处分

拥有生产秘密（技术诀窍）的人可以根据合同将构成生产秘密的信息全部或部分转让给他人。

第六十七章 民事活动参加者、商品、工作和服务的个性化标识

（一）商号

第一千零一十三条 商号权

1. 法人有在商品、包装、广告、招牌、招股说明书、发票、印刷出版物、官方信笺和其他与其活动相关的文件以及在白俄罗斯共和国境内举办的展览和展览会上，于商品展示期间使用商号的专有权。

2. 法人的商号经章程设立而确定，且必须通过列入统一的法人和个体企业国家登记簿的方式进行登记。

3. 法人的名称不能登记为与已经登记的法人的名称相似以至于相混淆的名称。

第一千零一十四条　法人商号在商标中的使用

法人商号可用于其所属的商标。

第一千零一十五条　商号权的效力

1. 在白俄罗斯共和国登记的作为法人标志的商号专有权在白俄罗斯共和国境内生效。

对于在外国登记或公认的名称，其在白俄罗斯共和国境内的专有权在法律规定的情况下生效。

2. 商号权的效力随着法人的清算或其商号的变更而终止。

第一千零一十六条　商号权的转让

1. 法人商号权不得让渡和转让，但法人重组或企业整体转让的情况除外。

2. 商号权持有人可以授权他人使用其名称（颁发许可证）。但是，在这种情况下，许可协议必须规定防止误导消费者的措施。

（二）商品商标和服务商标

第一千零一十七条　商品商标和服务商标的概念

1. 商品商标和服务商标（以下简称商标）是协助把一个人的商品、工作和（或）服务与他人类似商品和（或）服务相区分开来的标志。

2. 已注册的文字符号可以作为商标，包括专有名称、颜色组合、字母、数字、图案、立体符号，以及这些符号的组合。在法律文件规定的情况下，其他符号也可以注册为商标。

3. 商标可以以任何颜色或颜色组合注册。

第一千零一十八条　商标的法律保护

1. 在白俄罗斯共和国境内对商标给予法律保护是以商标法规定的程序向

专利机构进行注册或以白俄罗斯共和国签署的国际条约为基础进行的。

2. 商标权受国家保护并通过证书证明。

3. 商标证书证明商标的优先权，关于证书中指明的商品、工作和（或）服务的商标专有权，包含商标的图像。

第一千零一十九条　商标专有权

1. 商标持有人拥有使用商标的专有权并处分这些专有权，以及拥有禁止他人使用商标的权利。

2. 未经其持有人许可，任何人不得使用在白俄罗斯共和国境内受保护的商标。

第一千零二十条　注册的有效期

1. 商标注册自向专利机构提出申请之日起十年内有效。

2. 商标注册的有效期可以根据持有人在该效力的最后一年内提出的申请予以无限次延长，每次延长十年。

第一千零二十一条　集体商标

1. 成立和其活动不违反成立地国法律的团体有权在白俄罗斯共和国境内注册集体商标，用于标记由这些人生产和（或）销售的商品，完成的工作和（或）所提供的服务。

2. 集体商标及其使用权不得转让。

第一千零二十二条　商标专有权的转让，通过商标证书证明的财产权质押

商标持有人可以根据合同将所注册商标的全部或部分商品、工作和（或）服务的商标专有权转让给他人。

如果转让可能会让消费者对相关商品、工作和（或）服务或商品生产商、工作和（或）服务提供者产生误导，则不允许转让商标专有权。

经商标证书证明的专有权可以作为质押的标的。

商标专有权的转让合同，商标证书证明的专有权质押合同，以及对上述合同的变更，均需根据法律规定的程序向专利机构登记。

第一千零二十三条 授予商标的使用许可

商标持有人（许可人）可以根据许可合同将所注册的全部或部分商品、工作和（或）服务的商标使用权授予给他人（被许可人）。

许可合同应当包含被许可人的商品、工作和（或）服务的质量标准，或者被许可人的商品、工作和（或）服务质量不低于许可人的商品、工作和（或）服务质量的条件，以及许可人实施对被许可人的商品、工作和（或）服务的质量监督的条件。

根据对被许可人商品、工作和服务提出的质量要求，许可人的商标适用于被许可人，许可人负有补充责任。

（三）地理标志

第一千零二十四条 地理标志的法律保护条件

1. 地理标志是识别某商品原产于某一个国家境内或来自该领域的某个地区或地点的标志，该商品的特定质量、声誉或其他特征实质上取决于其地理上的原产地。

“地理标志”的概念包括“商品原产地名称”和“商品原产地标记”。

2. 受法律保护的商品原产地名称是指体现或者包含现代的或者历史的、官方的或者非官方的、完整的或者缩略的地理对象名称的标记，以及从该名称中派生且其所针对的商品的特性仅由或者主要由该地理对象所特有的环境条件和（或）人文要素决定而闻名的标记。

这些规定适用于识别商品原产于某一地理对象领土的标记。该标记虽然不包含该对象的名称，但该标记可以使用具有符合本款第一段规定的特定品质的知名商品的标记。

尽管与其生产地无关的特定种类商品的标记也体现了地理对象的名称或包含了地理对象的名称，但是在白俄罗斯共和国作为一种特定类型商品的通用名称，不视其为商品原产地名称。

3. 商品原产地标记是直接或间接指明商品实际原产地或生产地的标记。

商品原产地标记可以地理对象名称或图形的形式表示。

4. 白俄罗斯共和国商品原产地名称的法律保护是在其向专利机构登记或依据白俄罗斯共和国签署的国际条约的基础上所授予的。

在登记的基础上颁发商品原产地名称使用权证书。

注册和签发原产地名称使用权证书、无效的认定、注册行为的终止、证明的程序和条件由原产地名称法律确定。

5. 对商品原产地标记的法律保护是在使用该标记的基础上进行的。

商品原产地标记的法律保护包括防止使用伪造的（虚假的）商品原产地标记，以及防止消费者对商品的实际原产地产生误解。商品原产地标记不需要国家登记。

第一千零二十五条　地理标志的使用权

1. 地理标志的使用权人有权将其放在商品、包装、广告、招股说明书、票据上和以其他方式将商品投入民事流通使用。

2. 商品原产地名称可由若干人共同登记，以指明在某一地理对象区域内生产的商品，其特性仅由或主要由该地理对象所特有的环境条件和（或）人文要素决定。商品原产地名称的使用权属于这些人中的每一个人。

按规定程序注册的商品原产地名称的使用权，可以授予位于同一地理对象区域内，生产具有相同特征商品的任何法人或自然人。

3. 在首次登记之日不少于六个月前，使用与商品原产地名称相同或相似的地理对象名称的善意使用人在专利机构规定的期限内为其保留继续使用该名称的权利，但自上述名称登记之日起不得超过两年。

4. 不允许转让和以颁发许可证的方式授予地理标志的使用权。

第一千零二十六条　地理标志法律保护的范围

1. 在白俄罗斯共和国，对位于白俄罗斯共和国境内的地理标志给予法律保护。

2. 属于另一国的商品原产地名称，如果该商品原产地名称根据本法典在商品原产国和白俄罗斯共和国注册，则该商品原产地名称在白俄罗斯共和国受法律保护。

3. 如果在商品原产地国使用该标记，则在白俄罗斯共和国对位于其他国家的商品原产地标记给予法律保护。

第一千零二十七条　商品原产地名称使用权证书的有效期

1. 商品原产地名称使用权证书自提交专利机构之日起十年内有效。

2. 商品原产地名称使用权证书的有效期可以在证书效力最后一年根据权利持有人的申请在保持赋予商品原产地名称使用权的条件下延长十年。可不限次数延长证书的有效性。

第一千零二十八条　侵犯地理标志法的责任

1. 有权使用地理标志的人可以要求非法使用者停止使用，并将非法使用的商品原产地名称或与之相似达到混淆程度的标记，从侵权商品、包装、货签和类似的标签上除去，将生产的名称图纸或与之相似达到混淆程度的标记销毁，如果不可能实施上述行为，则没收和销毁商品和（或）包装。

2. 地理标志使用权人有权要求侵权人对其所遭受的损失予以赔偿。

第六十八章　不正当竞争

第一千零二十九条　反不正当竞争

在白俄罗斯共和国不允许不正当竞争。

不正当竞争包括：

（1）所有能够以任何方式对法人、个体企业家，竞争对手的商品、工作、服务或经营活动引起混淆的行为；

（2）在进行经营活动中的虚假陈述，其能够损害法人、个体企业家、竞争对手的商品、工作、服务或经营活动的信誉；

（3）在经营活动进行中使用可能会对竞争对手的商品、工作、服务的性质、特点、适用性或数量产生误导的指示或声明；

（4）在经营活动中违反本法典和其他竞争法文件要求的其他行为。

第一千零三十条 实施不正当竞争的责任

1. 实施不正当竞争的人有义务停止违法行为，并对构成不正当竞争内容的信息和行为发布辟谣。

2. 遭受不正当竞争的人有权要求不正当竞争者赔偿其因此所遭受的损失。

第七部分 《乌克兰民法典》知识产权编

《乌克兰民法典》于2003年1月16日颁布（№ 435 – Ⅳ），2016年6月14日修改（№ 1414 – Ⅷ），分为6部分，共计1308条。第一部分总则，包括5编：第一编基本原则；第二编人；第三编民事权利客体；第四编法律行为代理；第五编时间和日期　诉讼时效。第二部分自然人的人身权（人格权）。第三部分所有权和其他物权，包括2编：第一编所有权；第二编他人财产的物权。第四部分知识产权，有12章，共91条，包括第三十五章知识产权一般规定；第三十六章文学、艺术和其他作品知识产权（著作权）；第三十七章表演、录音制品、录像制品和广播组织节目知识产权（邻接权）；第三十八章科学发现知识产权；第三十九章发明、实用新型、外观设计知识产权；第四十章集成电路布图设计知识产权；第四十一章合理化建议知识产权；第四十二章动植物品种知识产权；第四十三章商号知识产权；第四十四章商标知识产权；第四十五章地理标志知识产权；第四十六章商业秘密知识产权。第五部分债权包括3编：第一编债的一般规定；第二编合同总则；第三编债的种类，其中第七十五章知识产权财产权的处分*。第六部分继承权。该文本根据2016年6月14日修改的内容编译而成。

---

* 本书予以呈现。

目　　录

第四部分　知识产权

第三十五章　知识产权一般规定

第四百一十八条　知识产权的概念

1. 知识产权是由本法典和其他法律规定的人的智力创造活动成果或者其他知识产权客体的权利。

2. 知识产权由知识产权人身权和知识产权财产权构成，对于知识产权特定客体的内容由本法典和其他法律规定。

3. 知识产权不得侵犯。除法律另有规定外，任何人不能剥夺知识产权或限制其实施。

第四百一十九条 知识产权和所有权的相互关系

1. 知识产权和物的所有权是相互独立的。

2. 知识产权客体权利的移转不意味着物的所有权的移转。

3. 物的所有权的移转不意味着知识产权客体权利的移转。

第四百二十条 知识产权客体

知识产权客体，包括：

文学和艺术作品；

计算机软件；

数据库；

表演；

录音、录像、广播组织节目；

科学发现；

发明、实用新型、外观设计；

集成电路布图设计；

合理化建议；

植物品种、动物品种；

商号、商标（商品和服务标志）；

地理标志；

商业秘密。

第四百二十一条 知识产权主体

知识产权主体是根据本法典和其他法律或者合同知识产权客体的创造者（作者、表演者、发明者等）和其他人。

第四百二十二条 知识产权产生（获得）的基础

知识产权的产生（获得）基础是本法典、其他法律或者合同的规定。

第四百二十三条　知识产权人身权

1. 知识产权人身权包括：

（1）确认知识产权客体创造者（作者、表演者、发明者等）的权利；

（2）防止任何侵犯知识产权，造成知识产权客体创造者荣誉或者声誉受损的权利；

（3）法律规定的其他人身权。

2. 知识产权人身权属于知识产权客体创造者。在法律规定的情况下，知识产权人身权可以属于他人。

3. 知识产权人身权独立于知识产权财产权。

4. 除法律另有规定外，知识产权人身权不得转让（移转）。

第四百二十四条　知识产权财产权

1. 知识产权财产权包括：

（1）知识产权客体使用权；

（2）知识产权客体许可使用专有权；

（3）防止知识产权客体非法使用专有权，包括禁止使用；

（4）法律规定的知识产权其他财产权。

2. 法律可以规定知识产权的例外和限制，但不得对知识产权的正常行使和权利主体合法利益的实现构成重大障碍。

3. 知识产权财产权可以依法作为法人注册资本的出资、质押合同和其他义务的标的，也可以用于其他民事关系。

第四百二十五条　知识产权有效期限

1. 如果法律没有另外规定，知识产权人身权永久有效。

2. 知识产权财产权在本法典、其他法律或者合同规定期限内有效。

3. 在本法典、其他法律或者合同规定的情况下，知识产权财产权可以提前终止。

第四百二十六条　知识产权客体的使用

1. 知识产权客体的使用方式由本法典和其他法律规定。

2. 享有知识产权客体许可使用专有权的人自行使用该客体并尊重他人的权利。

3. 除本法典和其他法律规定未经许可合法使用外，经享有知识产权客体许可使用专有权的人许可，其他人可以使用知识产权客体。

4. 知识产权客体使用许可（许可证）授予条件可以根据本法典和其他法律要求的许可合同确定。

第四百二十七条　知识产权财产权转让

1. 知识产权财产权可以根据法律全部或者部分转让给他人。

2. 知识产权财产权转让的条件可以由根据本法典和其他法律订立的合同确定。

第四百二十八条　属于若干人的知识产权的行使

属于若干人共有的知识产权可以按照他们之间的合同行使。在没有合同时，属于若干人共有的知识产权由他们共同行使。

第四百二十九条　由于履行劳动合同创造的客体知识产权

1. 在法律规定的情况下，该客体知识产权人身权可归属雇员所在地或为其工作的法人或自然人。

2. 由于履行劳动合同创造的客体知识产权财产权属于创造该客体的劳动者，如果合同有另外规定，属于雇员所在地或为其工作的法人或自然人共有。

3. 由于履行劳动合同创造的客体知识产权财产权实施的特殊性可以由法律规定。

第四百三十条　订购创造的客体知识产权

1. 订购创造的客体知识产权人身权属于该客体的创作者。

在法律另有规定的情况下，该客体知识产权人身权可以属于订购人。

2. 订购创造的客体知识产权财产权属于该客体创造者和订购人共同享有，合同有另外规定的除外。

第四百三十一条　侵犯知识产权的后果

侵犯知识产权，包括不承认或者侵害该权利，承担本法典、其他法律或者合同规定的责任。

第四百三十二条　知识产权的法院保护

1. 每个人有权根据本法典第十六条请求法院保护自己的知识产权。

2. 法院按照法律规定的程序可以作出判决，包括：

（1）采取紧急措施防止侵犯知识产权和保护相关证据；

（2）暂停违反知识产权进出口规定的商品通过乌克兰海关边境；

（3）没收侵犯知识产权生产或进入民事流通的商品并销毁；

（4）没收主要用于生产侵犯知识产权商品的材料和工具，或者销毁此类材料和工具；

（5）采取一次性罚款代替非法使用知识产权客体的损害赔偿，赔偿数额根据法律并考虑人的过错和其他有实质意义的情况确定；

（6）在媒体上公布侵犯知识产权的信息和该侵权司法判决的内容。

第三十六章　文学、艺术和其他作品知识产权（著作权）

第四百三十三条　著作权的客体

1. 著作权的客体是作品，即：

（1）文学和艺术作品，包括：

小说、诗歌、文章和其他书面作品；

讲座、演讲、布道和其他口头作品；

戏剧、哑剧、舞蹈、其他舞台作品；

音乐作品（带词或不带词）；

视听作品；

绘画、建筑、雕塑和图表作品；

摄影作品；

实用艺术作品；

涉及地理、地形、建筑或科学的插图、地图、规划图、草图和造型作品；

翻译、修改、改编和其他对文学或艺术作品再加工作品；

作品的选集，如果通过选择或整理，其组成部分是智力活动成果。

（2）计算机软件。

（3）数据汇编（数据库），如果通过选择或整理，其组成部分是智力活动成果。

（4）其他作品。

2. 作品是著作权的客体，不需要履行任何形式的手续，也不考虑其完成、目的、价值以及表达方式和形式。

3. 著作权不适用于思想、过程、活动方法或数学概念本身等。

4. 计算机软件作为文学作品受到保护。

5. 数据汇编（数据库）或其他材料的汇编受到保护。这种保护不适用于数据或材料本身，也不涉及汇编组成的数据或材料的著作权。

第四百三十四条　不是著作权客体的作品

不是著作权的客体：

（1）国家权力机关和地方自治机关的文件（法律、指示、命令、决定等），以及他们的官方译本；

（2）经国家权力机关批准的乌克兰国家符号、货币标志、徽章等；

（3）每日新闻报道或有日常新闻性质的其他事实；

（4）法律规定的其他作品。

第四百三十五条　著作权主体

1. 著作权的原始主体是作品的作者。在缺乏其他证据的情况下，作品的作者通常被认为是作品原件或复制件上指明的自然人（作者身份的推定）。

2. 著作权主体包括其他根据合同或法律获得作品权利的自然人和法人。

第四百三十六条　合作作者

1. 合作创作的作品著作权属于合作作者，无论这种作品是构成一个不可分割的整体，还是由多个部分组成，每个部分都具有独立的意义。如果可以独立于作品的其他部分使用，则共同创作的作品的部分被认为具有独立的意义。

2. 为每位合作作者保留其所创作的具有独立意义的作品的部分著作权。

3. 合作作者之间的关系可以通过合同进行约定。在没有合同的情况下，作品的著作权由所有合作作者共同行使。

第四百三十七条　著作权的产生

1. 著作权自作品创作完成时产生。

2. 著作权人可以使用法律规定的特殊标志宣示其权利。

第四百三十八条　作者的人身权

作品的作者拥有本法典第四百二十三条规定的人身权，以及以下权利：

（1）在实际可行的情况下要求因使用其作品而指明自己的姓名；

（2）禁止因使用作品时指明自己的名字；

（3）使用作品时选择匿名；

（4）作品的不可侵犯权。

第四百三十九条　著作人身权保护

1. 作者有权反对任何对作品的歪曲、篡改或其他改动，对作品的任何其他侵犯，以及未经其同意对作品附加插图、前言、后记、注释等。

2. 在作者去世后，作品的不可侵犯性由作者授权的人保护。在没有此种授权的情况下，作品的不可侵犯性由作者的继承人以及其他利害关系人保护。

第四百四十条　作品知识产权的财产权

1. 作品知识产权的财产权包括：

（1）作品使用权；

（2）许可使用作品的专有权；

（3）防止非法使用作品的权利，包括禁止使用；

（4）法律规定的其他知识产权的财产权。

2. 作品的财产权属于其作者，合同或法律另有规定的除外。

第四百四十一条　作品的使用

1. 作品的使用是指：

（1）发表（公之于世）；

（2）以任何方式和任何形式复制；

（3）翻译；

（4）加工、修改、改编和其他类似的改变；

（5）将组成部分纳入选编、数据库、选集、百科全书等；

（6）公开表演；

（7）出售、租用（租赁）等；

（8）进口其的复制品，复制品的翻译、加工等。

2. 作品的使用包括法律规定的其他行为。

第四百四十二条 作品的发表（作品公之于世）

1. 如果作品以任何方式传达给不特定的群体，包括出版、公开表演、公开展示、通过广播或电视传播，在公共电子信息系统中显示，则该作品被视为已发表（公之于世）。

2. 如果作品侵犯个人和家庭生活的隐私权，对公众的秩序、健康和居民的道德造成损害，那么作品就不能发表。

3. 未经作者同意任何人无权发表其作品，本法典和其他法律另有规定的情况除外。

4. 作者去世后他的继承人有权发表作品，但不得违背作者的意愿。

第四百四十三条 经作者同意使用作品

作品的使用仅在作者同意的情况下享有，本法典和其他法律规定的无须作者同意的合法使用作品的情况除外。

第四百四十四条 未经作者同意合法使用作品的情形

1. 下列属于未经作者和其他人的同意，任何人都可以自由地免费使用作品的情形：

（1）作为已合法发表作品的引文，或作为用于教学的出版物、广播和电视节目、录音制品和录像中的插图，在遵守惯例的条件下，注明出借来源和作者姓名，并在合理的范围内使用；

（2）于司法、行政程序中在符合该目的范围内进行复制；

（3）在法律规定的其他情况下。

2. 使用作品的人必须注明作品的作者姓名和引用来源。

第四百四十五条　作者对其作品的使用收取费用的权利

作者有权因使用其作品而收取报酬，本法典和其他法律另有规定的除外。

第四百四十六条　作品知识产权财产权的有效期

作品的知识产权财产权有效期为七十年，从作者或合作作者中最后一个死亡的次年 1 月 1 日算起，但法律另有规定的情况除外。

第四百四十七条　作品的知识产权财产权有效期届满后的法律后果

在作品的知识产权财产权有效期届满后，任何人都可以自由而免费地使用，法律另有规定的除外。

第四百四十八条　作者在出售作品原件中占有份额的权利

1. 作者拥有可以在作品原件出售之后收到艺术品原件或文学作品原稿每笔销售额百分之五的款项的权利，此权利不可剥夺。这笔钱款由作品原件的卖方支付。

2. 本条第一款规定的权利移转给作品作者的继承人和这些继承人的继承人，并且在本法典第四百四十六条规定的作品知识产权财产权有效期届满前一直有效。

第三十七章　表演、录音制品、录像制品和广播组织节目知识产权（邻接权）

第四百四十九条　邻接权的客体

邻接权的客体是无须为该客体办理任何手续，无论其目的、内容、价值等，以及表达方式或形式，包括：

（1）表演；

（2）录音制品；

（3）录像制品；

（4）广播组织节目。

第四百五十条 邻接权的主体

1. 邻接权的原始主体是表演者、录音制品制作者、录像制品制作者、广播组织。在没有其他证据的情况下，在录音制品、录像制品的复制品或者包装上以及广播组织定时的广播上指明的姓名（名称），该人被视为表演者、录音制品制作者、录像制品制作者、广播组织节目的制作者。

2. 根据合同或法律获得该权利的其他人也是邻接权主体。

第四百五十一条 邻接权的产生

1. 表演知识产权自首次实施时产生。

2. 录音制品或录像制品知识产权自制作完成时产生。

3. 广播组织（广播节目）知识产权自首次实施时产生。

4. 拥有邻接权的人可以使用法律规定的特殊标志来宣示其权利。

第四百五十二条 邻接权客体知识产权的财产权

1. 邻接权客体知识产权的财产权包括：

（1）邻接权客体使用权；

（2）许可使用邻接权客体的专有权；

（3）防止非法使用邻接权客体的权利，包括禁止此类使用；

（4）法律规定的其他知识产权财产权。

2. 邻接权客体的知识产权财产权属于相应的表演者、录音制品制作者、录像制品制作者或广播组织，合同或法律另有规定的除外。

第四百五十三条 表演的使用

1. 表演的使用包括：

（1）在进行表演时向观众传达表演；

（2）在进行表演时记录（定影）表演，如果这样的表演记录能够通过技术手段接收、复制和播放；

（3）以任何方式和任何形式直接或间接复制表演记录；

（4）出售和以其他方式转让表演记录的原件或复制件；

（5）出租表演记录的原件或复制件；

(6) 提供通信手段，使任何人都能在其所选择的地点和时间访问录制的表演。

2. 法律规定的表演的其他使用行为。

第四百五十四条　录音制品、录像制品的使用

1. 录音制品、录像制品的使用包括：

(1) 通过任何方式和任何形式直接或间接复制录音制品、录像制品；

(2) 出售以及以其他方式转让录音制品、录像制品的原件或复制件；

(3) 出租录音制品、录像制品的原件或复制件；

(4) 提供通信手段，使任何人能够在其选择的地点和时间访问录制的录音制品、录像制品。

2. 法律规定的录音制品、录像制品的其他使用行为。

第四百五十五条　广播组织节目的使用

1. 广播组织节目的使用是：

(1) 广播组织节目的实施（广播、转播）；

(2) 记录（固定）广播组织节目，如果这种记录能够通过技术手段的帮助对其进行接收、复制和实施；

(3) 复制广播组织节目的记录；

(4) 在收费地点向公众展示广播组织的节目。

2. 法律规定的广播组织节目的其他使用行为。

第四百五十六条　邻接权的有效期

1. 表演知识产权财产权的有效期为五十年，从首次进行表演记录的次年的1月1日起算，如果没有这样的记录，则从进行表演次年的1月1日起算。

2. 录音制品、录像制品知识产权财产权的有效期为五十年，自公布次年的1月1日起算，如自其制作之日起五十年内没有公布，则从录音制品、录像制品制作次年的1月1日起算。

3. 广播组织节目的知识产权财产权有效期为五十年，从首次实施的次年的1月1日起算。

4. 法律在某些情况下可以规定邻接权的其他有效期。

第三十八章 科学发现知识产权

第四百五十七条 科学发现的概念

科学发现是确定以前未知但客观存在的物质世界的规律、特性和现象，其为科学知识水平带来了根本性的改变。

第四百五十八条 科学发现权

1. 科学发现的作者有权以自己的姓名或专门的名称来命名科学发现。

2. 科学发现权由证书证明，并以法律规定的方式受到保护。

第三十九章 发明、实用新型、外观设计知识产权

第四百五十九条 发明获得其知识产权的适合性

1. 一项发明，如果依法具有新颖性、创造性和工业实用性，则被认为适合取得知识产权。

2. 发明的客体可以是任何技术领域中的产品（装置、材料等）或流程。

3. 法律可以依照本条确定不适合获取知识产权的产品和流程。

第四百六十条 实用新型获得其知识产权的适合性

1. 如果实用新型依法具有新颖性并适用于工业用途，则认为其适合于获得实用新型知识产权。

2. 实用新型的客体可以是任何技术领域的产品（装置、材料等）或流程。

3. 法律可以依照本条确定不适合获取知识产权的产品和流程。

第四百六十一条 外观设计获得其知识产权的适合性

1. 如果外观设计依法具有新颖性，则认为其适合于获得外观设计知识产权。

2. 外观设计的客体可以是工业产品外观种类确定的形状、图案或颜色或

者其组合。

第四百六十二条　发明、实用新型、外观设计知识产权证明取得

1. 发明、实用新型、外观设计知识产权的取得均需经专利认证。

2. 法律保护的范围由发明公式、实用模型、外观设计基本特征的总和决定。

3. 专利的授予条件和程序由法律规定。

第四百六十三条　发明、实用新型、外观设计知识产权的主体

发明、实用新型和外观设计知识产权的主体是：

（1）发明人、外观设计的作者；

（2）根据合同或法律取得发明、实用新型和外观设计权的其他人。

第四百六十四条　发明、实用新型、外观设计知识产权财产权

1. 发明、实用新型、外观设计知识产权财产权包括：

（1）发明、实用新型、外观设计的使用权；

（2）发明、实用新型、外观设计（发放许可证）许可使用的专有权；

（3）防止非法使用发明、实用新型、外观设计的专有权，包括禁止此类使用；

（4）法律规定的其他知识产权财产权。

2. 发明、实用新型、外观设计知识产权财产权属于相关专利的持有人，合同或法律另有规定的除外。

第四百六十五条　发明、实用新型、外观设计知识产权财产权的有效期

1. 发明、实用新型、外观设计知识产权，自国家登记之日起生效，并依法维持这些权利的效力。

2. 法律可以依照本条第一款，规定在其生效之前发明知识产权财产权的临时效力条件。

3. 发明知识产权财产专有权有效期为二十年，自依法申请发明之日起计算。这一期限可以根据法律规定的程序延长，该发明的使用需要特殊测试和官方许可。

4. 实用新型知识产权财产专有权的有效期自根据法律规定的程序提交实用新型申请之日起十年。

5. 外观设计知识产权财产专有权有效期自根据法律的规定提交外观设计申请之日起十五年。

第四百六十六条 提前终止发明、实用新型、外观设计知识产权财产权的效力

如果与合同条款以及法律规定的其他情况不相冲突，知识产权财产权的效力可以根据其持有者的倡议提前终止。

第四百六十七条 终止发明、实用新型、外观设计知识产权财产专有权效力的法律后果

1. 如果发明、实用新型、外观设计知识产权财产专有权效力终止，那么这些客体可由任何人自由和免费使用，但法律另有规定的情况除外。

2. 因发明、实用新型、外观设计知识产权财产专有权效力的提前终止给许可使用这些客体的人造成的损失由许可人赔偿，除非合同或法律另有规定。

第四百六十八条 恢复提前终止发明、实用新型、外观设计知识产权财产专有权的效力

提前终止发明、实用新型、外观设计知识产权财产专有权的效力，可以根据权利终止时拥有这些权利的人的申请，按照法律规定的程序恢复。

第四百六十九条 对发明、实用新型、外观设计知识产权无效的认定

发明、实用新型、外观设计知识产权，应当以法律规定的理由和程序认定其无效。

第四百七十条 发明、实用新型、外观设计的先用权

1. 任何人在提交发明、实用新型、外观设计申请之日之前，或者如果主张优先权，在优先权日之前为自己的利益提出申请，在乌克兰善意地使用发明、实用新型、外观设计或已为此类使用进行了重大而认真的准备，则有权免费延长此类使用或按之前准备的用途使用（先使用人的权利）。

2. 先用权只能与企业或者营业，或者企业的一部分（营业中使用发明、实用新型、外观设计，或者对该使用进行了重要和认真准备），一起转让或者转移给其他人。

第四十章　集成电路布图设计知识产权

第四百七十一条　集成电路布图设计获得知识产权的条件

如果集成电路布图设计是原创的，则认为其适合获得知识产权。

第四百七十二条　集成电路布图设计知识产权取得证明

1. 集成电路布图设计知识产权的取得通过证书证明。

2. 集成电路布图设计的法律保护范围取决于物质载体上布图设计的图像。

3. 颁发证书的条件和程序由法律规定。

第四百七十三条　集成电路布图设计知识产权主体

集成电路布图设计知识产权主体是：

（1）集成电路布图设计的作者；

（2）根据合同或法律获得集成电路布图设计的权利的其他人。

第四百七十四条　集成电路布图设计知识产权的财产权

1. 集成电路布图设计知识产权的财产权是：

（1）集成电路布图设计的使用权；

（2）许可使用集成电路布图设计的专有权；

（3）防止非法使用集成电路布图设计的专有权，包括禁止此类使用；

（4）法律规定的其他知识产权财产权。

2. 集成电路布图设计知识产权财产权属于相关证书的持有者，法律或合同另有规定的除外。

第四百七十五条　集成电路布图设计知识产权财产权的有效期

1. 集成电路布图设计知识产权自国家登记之日起生效，并依法维持这些权利的效力。

2. 集成电路布图设计知识产权财产专有权的有效期为十年，自以法律规定的方式提交集成电路布图设计申请之日起计算。

第四百七十六条 提前终止集成电路布图设计知识产权财产权的效力

集成电路布图设计知识产权财产权的效力，如果与合同条款以及法律规定的其他情况不相抵触，可以在其持有人的倡议下提前终止。

第四百七十七条 集成电路布图设计知识产权财产专有权有效期届满的法律后果

1. 在集成电路布图设计知识产权财产专有权效力终止后，任何人都可以自由而免费地使用，法律另有规定的情况除外。

2. 提前终止集成电路布图设计知识产权财产专有权的效力给许可使用这些客体的人造成的损失由许可人赔偿，合同或法律另有规定的除外。

第四百七十八条 恢复提前终止的集成电路布图设计知识产权财产专有权的效力

提前终止的集成电路布图设计知识产权财产专有权的效力，可以由在效力终止时权利持有人以法律规定的程序进行申请而恢复。

第四百七十九条 集成电路布图设计知识产权无效的认定

集成电路布图设计知识产权根据法律规定的理由和程序认定其无效。

第四百八十条 集成电路布图设计先使用人的权利

1. 任何人在提交集成电路布图设计申请日之前，或者如果主张优先权，在优先权申请日之前，为了其活动利益，在乌克兰善意使用集成电路布图设计或已为此类使用进行了重大而认真的准备，则有权免费延长此类使用或按之前准备的用途使用（先使用人的权利）。

2. 先用权只能与企业或者营业，或者企业的一部分（营业中使用发明、实用新型、外观设计，或者对该使用进行了重要和认真准备），一起转让或者转移给其他人。

第四十一章 合理化建议知识产权

第四百八十一条 合理化建议的概念和客体

1. 合理化建议是法人认可的含有其任何活动范围内的工艺（技术）或组

织决策的建议。

2. 合理化建议的客体可以是物质客体或流程。

第四百八十二条　合理化建议的法律保护范围

合理化建议的法律保护范围由其说明以及图纸（如果提供）确定。

第四百八十三条　合理化建议知识产权主体

合理化建议知识产权主体是提出该建议的作者或法人。

第四百八十四条　合理化建议知识产权主体的权利

1. 合理化建议的作者有权从认可该建议的法人处获得善意奖励。

2. 认可建议合理的法人有权以任何方式使用该建议。

第四十二章　动植物品种知识产权

第四百八十五条　动植物品种知识产权的种类

动植物品种知识产权包括：

（1）经国家登记认证的动植物品种知识产权的人身权；

（2）经专利认证的动植物品种知识产权财产权；

（3）经国家登记认证的传播动植物品种的知识产权财产权。

第四百八十六条　动植物品种知识产权的主体

动植物品种知识产权的主体包括：

（1）动植物品种的作者；

（2）根据合同或法律获得动植物品种知识产权财产权的其他人。

第四百八十七条　经专利认证的动植物品种知识产权财产权

1. 经专利认证的动植物品种知识产权财产权包括：

（1）适合在乌克兰传播的动植物品种使用权；

（2）许可使用动植物品种的专有权；

（3）防止非法使用动植物品种的专有权，包括禁止此类使用；

（4）法律规定的其他知识产权财产权。

2. 动植物品种知识产权财产权属于专利持有人，合同或法律另有规定的除外。

第四百八十八条　动植物品种知识产权财产权的有效期

1. 经专利认证的动植物品种知识产权财产权自国家登记之日起生效，并依法维持这些权利的效力。

2. 法律可以依照本条第一款，规定在其生效之前动植物品种知识产权财产权的临时效力条件。

3. 动植物品种知识产权财产专有权有效期为三十年，而关于树木和葡萄的有效期为三十五年，从国家登记这些权利次年的 1 月 1 日起算。

4. 动植物品种知识产权财产专有权的效力可以根据法律规定的情况和程序提前终止或恢复。

5. 传播动植物品种的权利自国家登记之日起生效，并依法维持这些权利的效力。

第四十三章　商号知识产权

第四百八十九条　商号的法律保护

1. 如果商号能够将一个人与其他人区分开并且不会引起消费者对其当前活动的误解，则该商号将受到法律保护。

2. 商号知识产权自首次使用该名称之时起有效，无须申请或登记即可得到保护，无论该商号是否属于商标的一部分。

3. 有关商号的信息可以录入登记簿，其管理程序由法律规定。

4. 个人可以有相同的商号，如果不会引起消费者对其生产或销售的商品或者提供的服务产生误认。

第四百九十条　商号知识产权的财产权

1. 商号知识产权财产权包括：

（1）商号使用权；

（2）防止他人非法使用商号的权利，包括禁止此类使用；

（3）法律规定的其他商号知识产权的财产权。

2. 商号的财产权只能与这些权利持有人全部财产整体或其相应部分一起

转让给他人。

第四百九十一条　商号知识产权财产权的终止

商号知识产权财产权的效力在法人清算时和根据法律规定的其他理由予以终止。

第四十四章　商标知识产权

第四百九十二条　商标

商标可以是任何能够把一个人生产（提供）的商品（服务）与他人生产（提供）的商品（服务）相区分开来的符号或符号组合。这些符号可以包括单词、字母、数字、造型元素、颜色组合。

第四百九十三条　商标知识产权主体

1. 商标知识产权主体是自然人和法人。

2. 特定商标的知识产权可以同时属于若干自然人和（或）法人。

第四百九十四条　商标知识产权的取得证明

1. 商标知识产权的取得通过证书证明。颁发证书的条件和程序由法律规定。

2. 商标的法律保护范围取决于证书中所示的图像以及商品和服务清单，法律另有规定的除外。

3. 取得国际注册商标或者按照法律规定的程序认定为驰名商标的知识产权，不需要证书证明。

第四百九十五条　商标知识产权的财产权

1. 商标知识产权财产权包括：

（1）商标使用权；

（2）许可使用商标的专有权；

（3）防止非法使用商标的专有权，包括禁止此类使用；

（4）法律规定的其他知识产权财产权。

2. 商标知识产权的财产权属于相关证书的持有人、国际注册商标的持有人，以法律规定的程序认可的驰名商标的持有人，合同另有规定的除外。

第四百九十六条 商标知识产权财产权的有效期

商标知识产权财产权的有效期为十年，自根据法律规定的程序提交商标申请之日起算，法律另有规定的除外。上述期限可以根据法律规定的程序申请延长，每次延长十年。

第四百九十七条 提前终止商标知识产权财产权的效力

1. 商标知识产权财产权的效力由于商标转换为特定商品或服务的通用名称，根据法律规定的程序提前终止。

2. 商标知识产权财产权的效力，如果与合同条款以及法律规定的情形不相抵触，可以在其持有人的倡议下提前终止。

3. 提前终止商标知识产权财产专有权的效力给许可使用这些客体的人造成的损失由许可人赔偿，合同或者法律另有规定的除外。

第四百九十八条 恢复提前终止的商标知识产权财产专有权的效力

提前终止的商标知识产权财产专有权的效力，可以由在效力终止时权利持有人以法律规定的程序进行申请而恢复。

第四百九十九条 商标知识产权无效的认定

商标知识产权根据法律规定的理由和程序认定其无效。

第五百条 商标先使用权

1. 任何人在提交商标申请日之前，或者如果主张优先权，在优先权申请日之前，为了其活动利益，在乌克兰善意使用该商标或已为此类使用进行了重大而认真的准备，则有权免费延长此类使用或按之前准备的用途使用（先使用人的权利）。

2. 先用权只能与使用商标或为使用该商标进行了大量认真准备的企业和营业或企业和营业的一部分一起转让或转移给另一人。

第四十五章 地理标志知识产权

第五百零一条 地理标志知识产权的取得

1. 地理标志知识产权自国家登记之日起产生，法律另有规定的除外。

2. 地理标志的法律保护范围根据商品（服务）的特点及其原产地的地理范围确定，并由国家对地理标志知识产权登记备案。

第五百零二条　地理标志知识产权的主体

地理标志知识产权的主体是商品生产者、消费者协会以及法律确定的其他人。

第五百零三条　地理标志知识产权

1. 地理标志知识产权包括：

（1）通过地理标志标识商品（服务）的权利；

（2）地理标志使用权；

（3）防止非法使用地理标志的权利，包括禁止此类使用。

2. 属于单个主体的地理标志知识产权由法律规定。

第五百零四条　地理标志知识产权的有效期

地理标志知识产权自国家登记之日起生效，并在保持本标志所示的商品（服务）的特征的条件下，受到无限期保护。

第四十六章　商业秘密知识产权

第五百零五条　商业秘密的概念

1. 商业秘密是秘密信息，它的整体或其组成部分的特定形式和组合是未知的，一般是不容易获得的，与此同时，信息具有商业价值，合法控制这个信息的人按照现实情况采取适当保密措施。

2. 商业秘密可以是技术的、组织的、商业的、工业的或其他性质的信息，但依法不能归为商业秘密的信息除外。

第五百零六条　商业秘密知识产权的财产权

1. 商业秘密知识产权的财产权包括：

（1）商业秘密的使用权；

（2）许可使用商业秘密的专有权；

（3）防止非法披露、收集或使用商业秘密的专有权；

（4）法律规定的其他知识产权财产权。

2. 商业秘密知识产权的财产权属于合法确定商业秘密信息的人，合同另有规定的除外。

第五百零七条　国家权力机关保护商业秘密

1. 国家权力机关有义务保护商业信息免受不正当商业使用，商业秘密的创造需要相当大的努力，提供商业秘密给国家权力机关是为了获得与含有新化学化合物的医药、农业和化学产品有关的活动的法定许可。这个信息受到国家权力机关的保护，避免披露，除非披露是为了保护居民或没有采取保护措施能避免不正当商业使用。

2. 在法律规定的其他情况下，国家权力机关也有义务保护商业秘密。

第五百零八条　商业秘密知识产权的有效期

商业秘密知识产权的有效期受本法典第五百零五条第一款规定的商业秘密总体特征存续的限制。

第五部分　债　　权

第七十五章　知识产权财产权的处分

第一千一百零七条　知识产权财产权处分的合同类型

1. 知识产权财产权的处分根据下列合同实施：

（1）知识产权客体使用许可合同；

（2）许可合同；

（3）知识产权客体订购和使用合同；

（4）知识产权专有财产权转让合同；

（5）其他知识产权财产权处分合同。

2. 知识产权财产权处分合同以书面形式签订。

知识产权财产权处分合同在不遵守书面形式时是无效的。

知识产权财产权处分合同在法律规定的情况下可以订立口头合同。

第一千一百零八条　知识产权客体使用许可

1. 拥有知识产权客体使用许可专有权人（许可人）可以书面授权他人（被许可人）在一定的有限范围使用该客体（知识产权客体使用许可）。

2. 知识产权客体使用许可可以作为单独文件或者成为许可合同的组成部分。

3. 知识产权客体使用许可可以是独占的、排他的、非独占的以及不与法律抵触的其他方式。

独占许可只发给一个被许可人，并排除许可人在该许可限制范围使用知识产权客体的可能和在规定范围发给其他人使用该客体使用许可证的可能。

独家许可只发给一个被许可人，并排除许可人在该许可证限制范围发给他人知识产权客体使用许可证，但不排除许可人在规定范围使用该客体的可能。

普通许可不排除许可人在受许可证限制的领域使用知识产权客体，也不排除许可人向他人许可在该领域使用该客体。

4. 经许可人书面形式授权同意的，被许可人可以书面授权他人使用知识产权客体（再许可）。

第一千一百零九条　许可合同

1. 许可合同一方当事人（许可人）授予另一方当事人（被许可人）使用知识产权客体的许可证的条件，按照双方协议并考虑本法典和其他法律的要求确定。

2. 在许可合同有规定的情况下，可以签订再许可合同，按照再许可合同被许可人授予其他人（被再许可人）使用知识产权的再许可。在此情况下，如果许可合同没有另外规定，被许可人向许可人承担被再许可人行为的责任。

3. 知识产权客体的许可种类、使用范围在许可合同中规定（合同规定的具体权利、上述客体的使用方式、授予权利的区域和期限等），许可合同还可规定知识产权客体使用报酬支付的数额、程序和期限，以及当事人认为列入合同的其他合理条件。

4. 除非许可合同另有规定，否则视许可合同授予普通许可。

5. 知识产权在合同签订时无效，知识产权客体使用权不能成为许可合同的标的。

6. 知识产权客体使用权和其使用方式在许可合同中没有明确，视为没有赋予被许可人。

7. 在许可合同中没有规定知识产权客体使用权授予的区域，许可行为扩及乌克兰全境。

8. 如果许可合同中有关于作品的出版或者其他复制，则报酬应以固定金额形式确定，且应在合同中规定作品的最大发行份数。

9. 与本法典条款抵触的许可合同条款无效。

第一千一百一十条 许可合同期限

1. 许可合同的有效期为合同规定的期限，最迟在合同规定的知识产权客体专有财产权到期之前到期。

2. 被许可人违反合同规定的开始使用知识产权客体时间的，许可人可以拒绝履行许可合同。许可人或被许可人可以在另一方违反许可合同其他条款的情况下拒绝履行许可合同。

3. 许可合同中没有合同期限条款时，许可合同视为规定了合同中确定的知识产权客体专有财产权效力到期前剩余的期限，但不超过五年。如果在上述五年期限届满前六个月内任何一方当事人没有书面通知另一方当事人终止合同，合同视为无限期延长。在此情况下，如果按照当事人的约定没有对合同规定更长时间的，每一个当事人可以在任何时间终止合同，并在合同解除前六个月内书面通知另一方当事人。

第一千一百一十一条 格式许可合同

1. 授权部门或者创意协会可以批准格式合同。

2. 许可合同可以包含格式许可合同未规定的条件。与知识产权客体的创造者订立的许可合同条款条件不优于法律或者格式合同规定的条件时，由法律或格式合同规定的条款取代。

第一千一百一十二条　知识产权客体委托和使用合同

1. 按照知识产权客体委托和使用合同，一方当事人（创作者——作家、艺术家等）根据另一方当事人（委托人）的要求，在规定期限内创作知识产权客体。

2. 在知识产权客体委托和使用合同中，应当由委托人规定该客体的使用方式和条件。

3. 委托创作的美术作品原件转移给委托人所有。同时该作品的知识产权财产权由作者享有，除非合同另有规定。

4. 委托和使用知识产权客体的合同条款中限制该客体创造者创作其他客体的规定无效。

第一千一百一十三条　知识产权专有财产权转让合同

1. 按照知识产权专有财产权转让合同，一方当事人（享有专有财产权的人）根据法律和合同规定的条件将这些权利部分或者全部转让给另一方当事人。

2. 签订知识产权专有财产权转让合同不影响以前签订的许可合同。

3. 在转让知识产权专有财产权的合同条款中使有关客体的创造者或其继承人的地位低于本法典和其他法律规定的地位，并限制创造者创造其他客体的规定无效。

第一千一百一十四条　知识产权财产权处分合同的国家登记

1. 知识产权客体使用许可合同和本法典第一千一百零九条、第一千一百一十二条、第一千一百一十三条规定的合同没有必要进行强制性国家登记。

没有国家登记不影响许可合同或者其他合同规定的权利以及相关知识产权客体其他权利的效力，特别是不影响被许可人请求法院保护自己权利的效力。

2. 根据本法典或其他法律的规定，在国家登记后有效的知识产权专有财产权转让的事实，应当进行国家登记。